AF496424
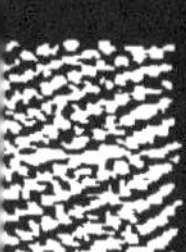
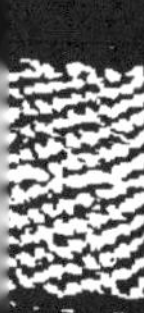

LOUIS LAMBERT.

595°

LOUIS LAMBERT.

IMPRIMERIE DE A. BARBIER,
rue des Marais S. G., n. 17.

HISTOIRE INTELLECTUELLE

DE

LOUIS LAMBERT

PAR

M. DE BALZAC.

[FRAGMENT EXTRAIT DES ROMANS ET CONTES PHILOSOPHIQUES.]

Au Génie, les Nuées du Sanctuaire; à Dieu seul, la Clarté.

(LOUIS LAMBERT.)

PARIS.

CHARLES GOSSELIN, LIBRAIRE,

RUE SAINT-GERMAIN-DES-PRÈS.

MDCCCXXXIII.

Quelques personnes ayant manifesté le désir d'avoir cet ouvrage en un volume séparé, le libraire s'est empressé d'obéir à ce vœu, qui a permis à l'auteur de rendre son œuvre moins incomplète.

ET NUNC ET SEMPER

DILECTÆ,

DICATUM.

LOUIS LAMBERT.

Louis Lambert naquit à Montoire, petite ville du Vendômois, le 20 septembre 1797. Son père exploitait une tannerie de peu d'importance, et voulut d'abord faire de son fils un tanneur. Mais le dégoût que cette profession causait à l'enfant, et plus encore les dispositions extraordinaires qu'il manifestait prématurément pour l'étude, changèrent à son égard le bon plaisir paternel. D'ailleurs, le tanneur et sa femme, chérissant Louis comme on chérit un fils unique, ne voulaient le contraindre en rien. Or, dès l'âge de cinq ans, l'Ancien et le Nouveau Testament étaient tombés entre ses mains, et ce livre où sont contenus tant de livres avait décidé de sa destinée. Son enfantine imagination comprit-elle déjà cette large vue des mondes? s'éprit-elle seulement aux romanesques attraits de ces poëmes tout orientaux? ou, dans sa naïveté première, son âme sympathisa-t-elle avec le sublime religieux épanché là par des mains divines?... Le reste de sa vie sera pour quelques lecteurs une réponse satisfaisante à ces conjectures. Un fait résulta de ces primordiales méditations sur les textes sacrés. Louis allait par tout Montoire, y quêtant des livres qu'il obtenait à la faveur de ces séductions irrésistibles dont les enfans ont tous le secret et auxquelles on ne sait pas résister.

En se livrant à ces études dont personne ne dirigeait le cours, Louis atteignit sa dixième année. A cette époque, les remplaçans étaient rares, et, déjà, plusieurs familles riches les retenaient d'avance pour n'en pas manquer au moment du tirage. Le peu de fortune des pauvres tanneurs ne leur permettant pas l'espérance de pouvoir, un jour, acheter un homme à leur fils, ils virent, dans l'état ecclésiastique, un moyen de le sauver de la conscription, et l'envoyèrent, en 1807, chez son oncle maternel, curé à Mer, autre petite ville, située sur la Loire, près de Blois.

Ce parti satisfaisait tout à la fois la

passion de Louis pour la science et le désir qu'avaient ses parens de le conserver; puis, sa précocité leur donnait aussi l'espoir de lui voir faire une grande fortune dans l'Église.

Après être resté pendant environ trois ans chez son oncle, vieil oratorien assez instruit, Louis Lambert en sortit au commencement de 1811, pour entrer au collége de Vendôme, où il fut mis et entretenu aux frais de madame de Staël.

Lambert dut la protection de cette femme célèbre au hasard ou à la Providence qui prend presque toujours soin des artistes dans leur dénuement ou pendant leur enfance. Mais les vicissitudes, dont la vie des grands hommes nous offre tant d'exemples, semblent être le résultat d'un phénomène tout physique. Peut-être, la rencontre, parmi la foule, d'une jeune tête pleine d'avenir produit-elle aux sens exercés des connaisseurs, un effet analogue à celui que font les belles et fortes plantes qui attirent les yeux du botaniste en s'élevant au-dessus des autres, dans les prairies.

Cette comparaison peut au moins s'appliquer à l'aventure de Louis Lambert. Il venait ordinairement passer dans la maison paternelle le temps que son oncle lui accordait pour ses vacances. Mais au lieu de s'y livrer, selon l'habitude des écoliers, aux douceurs de ce bon *far niente* dont nous sommes assez avides à tout âge, il emportait, dès le matin, du pain et des livres; puis, s'en allait lire et méditer au fond des bois où il fuyait les remontrances de sa mère, à laquelle une étude aussi constante paraissait dangereuse. Admirable instinct de mère!...

Dès ce temps, la lecture était déjà devenue chez Louis une espèce d'appétit moral que rien ne pouvait assouvir. Il dévorait les livres de tout genre, et se repaissait indistinctement d'œuvres religieuses, d'histoire, de philosophie et de physique. Il m'a dit avoir, à cette époque, éprouvé d'incroyables délices en lisant des dictionnaires, à défaut d'autres ouvrages, et je l'ai cru volontiers. Quel écolier n'a pas, maintes fois, trouvé du plaisir à chercher le sens probable d'un substantif inconnu.

L'analyse d'un mot, sa physionomie, son histoire, étaient, pour Lambert, les clefs d'une longue rêverie; mais ce n'était pas cette rêverie instinctive par laquelle un enfant s'habitue aux phénomènes de la vie, s'enhardit aux perceptions ou morales ou physiques, culture involontaire qui, plus tard, porte ses fruits en se développant et par l'entendement et par le caractère. Louis embrassait les faits, les expliquait, après en avoir recherché tout à la fois la cause et la fin avec une perspicacité sagace. Aussi, par un de ces jeux effrayans auxquels se plaît parfois la nature, et qui justifiait la vérité de cette existence anormale, pouvait-il, dès l'âge de quatorze ans, émettre facilement des idées dont je n'ai, que long-temps après, entièrement saisi la profondeur.

— Souvent, me dit-il plus tard en me parlant de ses lectures, j'ai fait de délicieux voyages, embarqué dans un mot sur les abîmes du passé, comme un insecte qui flotte sur un fleuve dans une coquille. Parti de la Grèce, j'arrivais à Rome et traversais l'étendue des âges modernes. Quel beau livre ne composerait-on pas en racontant la vie et les aventures d'un mot! Sans doute il a reçu diverses impressions des événemens auxquels il a servi; puis, selon les lieux, il a réveillé des idées différentes; mais n'est-il pas plus grand encore à considérer sous le triple aspect de l'âme, du corps et du mouvement? A le regarder en lui-même, abstraction faite de ses fonctions, de ses effets et de ses actes, n'y a-t-il pas de quoi tomber dans un océan de réflexions?... La plupart des mots ne sont-ils pas teints de l'idée dont ils représentent extérieurement la vie? A quel génie sont-ils dus?... S'il faut une grande intelligence pour créer un mot, de quelle antiquité sacrée la parole humaine ne procède-t-elle pas?... L'assemblage des lettres, leurs formes, le dessin qu'elles figurent dans un mot, prototypent exactement, en tout pays, l'être inconnu dont il est le portrait. N'y a-t-il pas, dans le mot *vrai*, une sorte de rectitude fantastique, et, dans le son bref qu'il exige, une vague image de la nudité, de la simplicité chaste du vrai en toute chose? Il y a je ne sais quelle fraîcheur dans cette syllabe!... J'ai pris, pour exemple, la formule d'une idée abstraite, ne voulant pas expliquer le problème par un mot qui le rendît trop facile à comprendre, comme celui de *tourniquet* où tout parle aux sens. N'en est-il pas ainsi de chaque verbe? Tous sont empreints d'un vivant pouvoir qu'ils tiennent de l'âme, et qu'ils lui restituent par les mystères d'une action et d'une réaction merveilleuses entre la parole et la pensée... Ne dirait-on pas un amant qui puise sur les lèvres de sa maîtresse autant d'amour qu'il en communique? Par leur seule physionomie, les mots raniment dans notre cerveau les créatures dont ils sont les fantômes, le vêtement, le fourreau... Semblables à tous les êtres, ils n'ont qu'une place où leurs propriétés puissent pleinement agir et se développer... Mais ce sujet demanderait peut-être une science tout entière!

Et il haussait les épaules comme pour me dire :

—Nous sommes et trop grands et trop petits!...

Du reste, la passion de Louis pour la lecture avait été fort bien servie. Le curé de Mer possédait environ deux à trois mille volumes, trésor bibliographique qui lui avait peu coûté; car il provenait des pillages faits pendant la révolution dans les abbayes et les châteaux voisins. Le bonhomme, en sa qualité de prêtre assermenté, avait pu choisir, pour un morceau de pain, suivant son expression, les meilleurs ouvrages parmi les collections précieuses qui furent alors vendues au poids et à vil prix.

En trois ans, Louis Lambert s'était assimilé la substance de tous les livres qui, dans la bibliothèque de son oncle, méritaient la peine d'être lus.

L'absorption des idées par la lecture était devenue chez lui un phénomène curieux. Il embrassait sept à huit lignes d'un seul coup d'œil, et son esprit en appréhendait le sens avec une vélocité égale à celle du regard. Souvent même un seul mot dans la phrase suffisait pour lui en faire saisir la pensée. Sa mémoire était prodigieuse. Il se souvenait avec une même fidélité des idées acquises par la lecture et de celles que la réflexion ou la conversation lui avaient suggérées. Enfin, il possédait la mémoire des lieux, des noms, des mots, des choses et des figures. Non seulement il se rappelait les objets à volonté, mais encore il les revoyait en lui-même situés, éclairés, colorés comme ils l'étaient au moment où il les avait aperçus.

Cette puissance mémoriale s'appliquait également aux actes les plus insaisissables de l'entendement. Il se souvenait, suivant son expression, du *gisement* des pensées dans le livre où il les avait prises, et même des dispositions de son âme, à des époques éloignées. Alors, par un privilége inouï, sa mémoire pouvait lui retracer les progrès et la vie entière de son esprit, depuis l'idée la plus anciennement acquise jusqu'à la dernière éclose, depuis la plus confuse jusqu'à la plus lucide. Son cerveau, habitué, jeune encore, au mécanisme si difficile de la concentration intérieure des forces humaines, tirait de ce riche dépôt une foule d'images admirables de réalité, de fraîcheur, dont il se nourrissait pendant la durée de ses contemplations limpides.

— Quand je le veux, me disait-il dans son langage, auquel les trésors du souvenir communiquaient une hâtive originalité, je tire un voile sur mes yeux; soudain, je rentre en moi-même, et j'y trouve une chambre noire où tous les accidens de la nature viennent se reproduire dans une forme plus pure que celle dont ils paraissent revêtus à mes sens extérieurs.

A l'âge de douze ans, son imagination, stimulée par le perpétuel exercice de toutes ses facultés mentales, s'était développée au point de lui permettre d'avoir des notions si exactes sur les choses dont il prenait connaissance par la lecture seulement, que l'image imprimée dans son âme n'en eût pas été plus vive, s'il les avait réellement vues; soit qu'il procédât par analogie, soit qu'il fût doué d'une espèce de seconde vue par laquelle il embrassait la nature.

Quand il employait ainsi toutes ses forces dans une lecture, il perdait en quelque sorte la conscience de sa vie physique, et n'existait plus que par le jeu tout-puissant de ses organes intérieurs, dont il avait constamment étendu la portée, faisant, suivant son expression, *reculer l'espace devant lui.* Mais je ne veux pas anticiper sur les phases intellectuelles de sa vie; et j'ai déjà, malgré moi, interverti l'ordre dans lequel je dois dérouler l'histoire de cet homme qui transporta toute son action dans sa pensée, comme d'autres transmettent toute leur pensée à l'action.

Un grand penchant l'entraînait vers les ouvrages mystiques.

— *Abyssus, abyssum,* me disait-il. Notre esprit est un abîme qui se plaît dans les abîmes!..... Enfans, hommes, vieillards, nous sommes toujours friands de mystères, sous quelque forme qu'ils se présentent.

Cette prédilection lui fut fatale, s'il

est permis, toutefois, de juger sa vie selon les lois ordinaires, et de toiser le bonheur d'autrui sur la mesure du nôtre, ou suivant les préjugés sociaux. Ce goût pour *les choses du ciel*, autre locution dont il se servait souvent, ce *mens divinior* était dû peut-être à l'influence exercée sur son esprit par les premiers livres qu'il lut chez son oncle. Sainte Thérèse et madame Guyon lui continuèrent la Bible, eurent les prémices de son adulte intelligence et l'habituèrent à ces vives réactions de l'âme dont l'extase est tout à la fois et le moyen et le résultat. Mais cette étude, ce goût élevèrent son cœur, le purifièrent, l'ennoblirent, lui donnèrent appétit de la nature divine, et l'instruisirent des délicatesses presque féminines qui deviennent instinctives chez les grands hommes : leur sublime n'est peut-être que le besoin de dévouement qui distingue la femme, transporté dans les grandes choses. Grâce à cette tendance éthérée, Louis resta pur au collége. Cette noble virginité de sens eut nécessairement pour effet d'ameublir sans cesse les facultés de son cerveau.

La baronne de Staël, ayant été exilée à quarante lieues de Paris, vint passer quelque temps dans une terre située près de Vendôme. Un jour, en se promenant, elle rencontra, sur la lisière de son parc, l'enfant du tanneur, presque en haillons, et absorbé par un livre. Ce livre était une traduction du *Ciel et de l'Enfer*. A cette époque, messieurs de Saint-Martin, de Gence et quelques esprits moitié allemands, étaient à peu près les seules personnes qui, dans l'Empire français, connussent le nom de Swedenborg. Étonnée, madame de Staël prit le livre avec cette brusquerie dont ses interrogations, ses regards, ses gestes n'étaient pas toujours exempts, et lançant un regard vif à Lambert :

— Est-ce que tu comprends cela ?... lui dit-elle.

— Priez-vous Dieu ? demanda l'enfant.

— Mais... Oui !

— Et, le comprenez-vous ?

La baronne resta muette pendant un moment. Puis, elle s'assit près de Lambert, et ils causèrent ensemble. Malheureusement ma mémoire, quoique fort étendue, est loin d'être aussi fidèle que l'était celle de mon camarade, et j'ai tout oublié de cette conversation, hormis les premiers mots.

Cette rencontre frappa vivement madame de Staël. Cependant, à son retour au château, elle en parla peu, malgré son besoin d'expansion, qui souvent dégénérait en loquacité; mais elle parut fortement préoccupée. La seule personne encore vivante qui ait gardé le souvenir de cette aventure et que je questionnai récemment afin de recueillir le peu de paroles alors échappées à madame de Staël, retrouva même difficilement dans sa mémoire ce mot dit par la baronne, à propos de Lambert :

— *C'est un vrai voyant!...*

Louis n'ayant pas justifié aux yeux des gens du monde les belles espérances qu'il avait fait concevoir à sa protectrice, la prédilection passagère dont il devint l'objet fut considérée comme un caprice de femme, comme une de ces fantaisies particulières aux artistes.

Madame de Staël voulut arracher Louis Lambert à l'Empereur et à l'Église, pour le rendre à la noble destinée qui, disait-elle, l'attendait. Elle en faisait déjà quelque nouveau Moïse sauvé des eaux.

Elle chargea donc, avant son départ, l'un de ses amis, M. de Corbigny, alors préfet à Blois, de mettre, en temps utile, son Moïse au collége de Vendôme; puis, elle l'oublia probablement. Entré, à l'âge de quatorze ans, au commencement de 1811, Lambert dut sortir de Vendôme vers la fin de 1814, après avoir achevé sa philosophie. Or, je doute que, pendant ce temps, il ait jamais reçu le moindre souvenir de sa bienfaitrice, si toutefois ce fut un bienfait de payer durant trois années la pension d'un enfant sans songer à son avenir, après l'avoir détourné d'une carrière où peut-être eût-il trouvé le bonheur.

Cependant il est juste de dire que les circonstances de l'époque et le caractère de Louis Lambert peuvent largement absoudre madame de Staël et de son insouciance et de sa générosité.

La personne choisie pour lui servir d'intermédiaire dans ses relations avec l'enfant, quitta Blois au moment où il sortait du collége. Or, les événemens politiques qui survinrent alors justifient assez l'indifférence de ce personnage pour le protégé de la baronne.

Donc, elle n'entendit plus parler de son petit Moïse. Cent louis donnés par elle à M. de Corbigny, qui, je crois, mourut

***

lui-même en 1812, n'étaient pas une somme assez importante pour réveiller, par une mnémotechnie pécuniaire, les souvenirs de madame de Staël dont l'âme exaltée rencontra sa pâture, et dont tous les intérêts furent vivement mis en jeu pendant les péripéties des années 1814 et 1815.

Louis Lambert se trouvait à cette époque et trop pauvre et trop fier pour aller à la recherche de sa bienfaitrice, qui voyageait à travers toute l'Europe. Cependant, il vint à pied de Blois à Paris, dans l'intention de la voir, mais il y arriva malheureusement le jour où la baronne mourut. Deux lettres écrites par Lambert étaient restées sans réponse. Le souvenir des bonnes intentions de madame de Staël pour Louis n'est donc demeuré que dans quelques jeunes mémoires, frappées, comme la mienne, par le merveilleux de cette histoire.

Il faut même avoir été dans notre collége pour comprendre et l'effet que produisait ordinairement sur nos esprits enfantins l'annonce d'un *Nouveau*, et l'impression particulière que l'aventure toute vendômoise de Lambert devait nous causer.

Ici, quelques renseignemens sur les lois primitives de notre institution, jadis moitié militaire et moitié religieuse, deviennent nécessaires pour expliquer parfaitement la nouvelle vie que Lambert allait y mener.

Avant la révolution, l'ordre des Oratoriens, voué, comme celui de Jésus, à l'éducation publique, et qui lui succéda dans quelques maisons, possédait plusieurs établissemens provinciaux dont les plus célèbres étaient les colléges de Vendôme, de Tournon, de La Flèche, de Pont-le-Voy, de Sorrèze et de Juilly. Celui de Vendôme, ainsi que les autres, élevait, je crois, un certain nombre de cadets destinés à servir dans l'armée. L'abolition des corps enseignans, décrétée par la Convention, influa très-peu sur l'institut de Vendôme. La première crise passée, le collége recouvra ses bâtimens. Quelques oratoriens disséminés aux environs y revinrent, et le rétablirent en lui conservant son ancienne règle, ses habitudes, ses usages et ses mœurs qui lui prêtaient une physionomie à laquelle je n'ai rien pu comparer dans aucun des lycées où je suis allé après ma sortie de Vendôme.

Le collége est situé au milieu de la ville, et sur la petite rivière du Loir, qui en baigne les bâtimens principaux. Il forme une assez vaste enceinte soigneusement close, où sont enfermés tous les établissemens nécessaires à une institution de ce genre : une chapelle, un théâtre, une infirmerie, une boulangerie, des jardins, des cours d'eau. Ce collége, le plus célèbre foyer d'instruction qu'il y ait au centre de la France, est alimenté par plusieurs provinces, et même par nos colonies. L'éloignement ne permet donc pas aux parens d'y venir souvent voir leurs enfans ; mais, d'ailleurs, la règle interdisant les vacances externes, une fois entrés, les élèves ne sortaient du collége qu'à la fin de leurs études.

Sauf les promenades faites extérieurement sous la conduite des Pères, tout avait été calculé pour donner à cette maison les avantages de la discipline conventuelle.

De mon temps, le Correcteur était encore un vivant souvenir. La classique férule de cuir y jouait avec honneur son terrible rôle. Les punitions jadis inventées par la Compagnie de Jésus et qui avaient un caractère aussi effrayant pour le moral que pour le physique, étaient restées dans l'intégrité de l'ancien programme. Les lettres aux parens étaient obligatoires à certain jour, aussi bien que la confession; alors, nos péchés et nos sentimens se trouvaient ainsi en coupe réglée. Tout portait l'empreinte de l'uniformité monastique. Je me rappelle, entre autres vestiges de l'ancien institut, l'inspection que nous subissions tous les dimanches. Nous étions en grande tenue, rangés comme des soldats, attendant les deux directeurs, qui, suivis des fournisseurs, des maîtres, nous examinaient sous le triple rapport du costume, de l'hygiène et du moral.

Les deux ou trois cents élèves que pouvait loger le collége étaient divisés, suivant l'ancienne coutume, en quatre sections, nommées : *les Minimes*, *les Petits*, *les Moyens* et *les Grands*.

La division des Minimes embrassait les classes désignées sous le nom de *huitième* et *septième* ; celle des Petits, la *sixième*, la *cinquième* et la *quatrième*; celle des Moyens, la *troisième* et la *seconde*; enfin celle des Grands, la *rhétorique*, la *philosophie*, les *mathématiques spéciales*, la *physique* et la *chimie*.

Chacun de ces colléges particuliers possédait son bâtiment, ses classes et sa cour dans un grand terrain commun sur lequel les salles d'étude avaient toutes leur sortie, et qui aboutissait au réfectoire. Ce réfectoire, digne d'un ancien ordre religieux, contenait tous les écoliers. Contrairement à la règle des autres ordres enseignans, nous pouvions y parler en mangeant. Cette tolérance chrétienne nous permettait de faire des échanges de plat selon nos goûts.

Si un Moyen placé en tête de sa table préférait une portion de pois rouges à son dessert, car nous avions du dessert, la proposition suivante passait de bouche en bouche :

— *Un dessert pour des pois!..*

Jusqu'à ce qu'un gourmand l'eût

acceptée. Alors celui-ci d'envoyer sa portion de pois qui allait de main en main jusqu'au demandeur dont le dessert arrivait par la même voie. Jamais il n'y avait d'erreur. Si plusieurs demandes étaient semblables, chacune portait son numéro, et l'on disait : *Premiers pois pour premier dessert.*

Les tables étant très-longues, notre trafic perpétuel mettait tout en mouvement, et nous parlions, mangions, agissions avec une volubilité sans exemple. Aussi, le bavardage de trois cents jeunes gens, les allées et venues des domestiques occupés à changer les assiettes, servir les plats et donner le pain, l'inspection des directeurs faisaient du réfectoire de Vendôme un spectacle unique en son genre, et qui étonnait toujours les visiteurs.

Pour adoucir notre vie, privée de toute communication avec le dehors et sevrée des caresses de la famille, les Pères nous permettaient encore d'avoir des pigeons et des jardins. Or, nos deux ou trois cents cabanes, un millier de pigeons nichés autour de notre mur d'enceinte et une trentaine de jardins formaient un coup-d'œil encore plus curieux que ne l'était celui de nos repas.

Mais il serait trop fastidieux de raconter toutes les particularités qui font du collége de Vendôme un établissement à part, et fertile en souvenirs pour ceux dont l'enfance s'y est écoulée. Cependant, qui de nous ne se rappellerait avec délices, malgré les amertumes de la science, les bizarreries de cette vie claustrale! C'étaient les vivres achetés en fraude, durant nos promenades, la permission de jouer aux cartes et d'établir des représentations théâtrales pendant les vacances, libertés nécessitées par notre solitude. Puis, encore notre musique militaire, dernier vestige des cadets, notre académie, notre chapelain, nos Pères professeurs. Enfin, les jeux particuliers défendus ou permis : la cavalerie de nos échasses, les longues glissoires faites en hiver, le tapage de nos galoches gauloises, et surtout le commerce introduit par la boutique établie dans l'intérieur de nos cours. Cette boutique était tenue par une espèce de maître Jacques auquel on pouvait tout acheter, depuis la sauce des pigeons que nous avions à tuer, jusqu'aux poteries où nous conservions le riz de notre souper pour le déjeuner du lendemain. Mœurs enfantines vraiment originales!

Certes, si l'on veut se représenter l'isolement de ce grand collége avec ses bâtimens monastiques, au milieu d'une petite ville, et les quatre parcs dans lesquels nous étions hiérarchiquement casés, l'on aura une idée de tout l'intérêt que devait nous offrir l'arrivée d'un *Nouveau*, véritable passager survenu dans un navire. Jamais femme nouvellement mariée et présentée à la cour, n'y fut aussi malicieusement critiquée que ne l'était le nouveau débarqué par tous les écoliers de sa division.

Ordinairement, pendant la récréation du soir, avant la prière, les flatteurs, habitués à causer avec celui des deux Pères chargés de nous garder une semaine chacun à leur tour et qui se trouvait en fonctions, entendaient les premiers ces paroles authentiques :

— Vous aurez demain un Nouveau !..

Tout à coup ce cri !—Un Nouveau !.. un Nouveau !.... retentissait dans les cours. Alors, nous accourions tous pour nous grouper autour du régent, qui, bientôt, était rudement interrogé.

— D'où venait-il ? Comment se nommait-il ? En quelle classe serait-il ?... etc.

Or, l'arrivée de Louis Lambert fut le texte d'un conte digne des *Mille et une Nuits*.

J'étais alors en quatrième chez les Petits. Nous avions pour régens deux hommes auxquels nous donnions, par tradition, le nom de Pères, quoique ce fussent des séculiers. En effet, de mon temps, il n'existait plus à Vendôme que quatre véritables Oratoriens auxquels ce titre appartînt légitimement. En 1814, ils quittèrent le collége, qui s'était insensiblement sécularisé, et se réfugièrent auprès des autels, dans des presbytères de campagne, à l'exemple du curé de Mer.

Le Père Haugoult, le régent de semaine, assez bon homme, mais dépourvu de hautes connaissances, manquant même de ce tact si nécessaire pour discerner les différens caractères des enfans et leur mesurer les punitions suivant leurs forces respectives; donc, le père Haugoult se mit à raconter fort complaisamment les singuliers événemens qui allaient, le lendemain, nous valoir le plus extraordinaire des Nouveaux.

Aussitôt, les jeux cessèrent. Tous

les Petits arrivèrent en silence, et restèrent occupés à écouter l'aventure de ce Louis Lambert, trouvé, comme une aérolithe, par madame de Staël au coin d'un bois.

M. Haugoult dut nous expliquer madame de Staël. Pendant cette soirée, elle me parut avoir dix pieds. Depuis, j'ai vu le tableau de Corinne, où Gérard l'a représentée et si grande et si belle; mais la femme idéale rêvée par mon imagination la surpassait tellement que la véritable madame de Staël a constamment perdu dans mon esprit, même après la lecture du livre tout viril, intitulé : *De l'Allemagne*.

Mais alors Lambert fut une bien autre merveille!

Après l'avoir examiné, M. Mareschal,

le directeur des études, avait hésité, disait le Père Haugoult, à le mettre chez les Grands; néanmoins, la faiblesse de Louis en latin l'avait fait rejeter en quatrième, sauf à lui de sauter une classe chaque année.

Par exception, il devait être de l'académie!..... *Proh pudor!* nous allions avoir l'honneur de compter, parmi les Petits, un habit décoré du ruban rouge que portaient les académiciens de Vendôme. Aux académiciens étaient octroyés de brillans priviléges : ils dînaient souvent à la table du directeur, tenaient par an deux séances littéraires auxquelles nous assistions avec enthousiasme pour entendre leurs œuvres. Enfin, un académicien était un petit grand homme. Si chaque Vendômois veut être franc, il avouera que, plus tard, un véritable académicien de la véritable Académie française lui a paru bien moins étonnant que ne l'était l'enfant gigantesque illustré par la croix et par le prestigieux ruban rouge, insignes de notre académie.

Or, pour comprendre l'importance de cet honneur, il faut savoir qu'il était bien difficile d'appartenir à ce corps glorieux avant d'être parvenu en Seconde, puisque les académiciens étaient obligés de nous lire des contes en vers ou en prose, des morceaux littéraires, des épîtres, des traités, des tragédies, des comédies, compositions interdites à l'intelligence des classes secondaires.

J'ai long-temps gardé le souvenir

d'un conte intitulé *l'Ane vert*, qui, je crois, est l'œuvre la plus saillante de cette académie inconnue.

Un quatrième, être de l'académie!... Parmi nous serait cet enfant de quatorze ans, déjà poète, aimé de madame de Staël, futur génie, nous disait le Père Haugoult, un sorcier, un gars capable de faire un thème ou une version pendant qu'on nous appellerait en classe, et d'apprendre ses leçons en les lisant une seule fois. Louis Lambert confondait toutes nos idées. Puis, la curiosité du Père Haugoult, l'impatience qu'il témoignait de voir le Nouveau, attisaient encore nos imaginations enflammées.

— S'il a des pigeons, il n'aura pas de cabane. Il n'y a plus de place. Tant pis!... disait l'un de nous qui, depuis, a été grand agriculteur.

— Auprès de qui sera-t-il? demandait un autre.

— Oh! que je voudrais être *son faisant*, s'écriait un exalté.

Être faisans constituait, dans notre langage collégial, un idiotisme assez difficile à traduire. Ce mot exprimait un partage fraternel des biens et des maux de notre vie enfantine, une promiscuité d'intérêts fertile en brouilles et en raccommodemens, un pacte d'alliance offensive et défensive. Chose bizarre! jamais, de mon temps, je n'ai connu de frères qui fussent Faisans. L'homme ne vit que par les sentimens; et, peut-être, croit-il appauvrir son existence en confondant une affection trouvée dans une affection naturelle.

L'impression que les discours du Père Haugoult firent sur moi pendant cette soirée est une des plus vives de mon enfance, et je ne puis la comparer qu'à la lecture de *Robinson Crusoé*.. Je dus, même plus tard, au souvenir de ces sensations prodigieuses, une remarque peut-être neuve sur les différens effets que produisent les mots dans chaque entendement. Le mot n'a rien d'absolu. Nous agissons plus sur lui qu'il n'agit sur nous. Sa force est en raison des images que nous avons acquises et que nous groupons autour de lui. Mais l'étude de ce phénomène exige de larges développemens, hors de propos ici.

Ne pouvant pas dormir, je disputai long-temps, avec mon voisin de dortoir, sur l'être extraordinaire que nous devions avoir parmi nous le lendemain, et nous eûmes à son sujet une longue discussion. Ce voisin, occupé déjà comme je l'étais de questions métaphysiques, déraisonnait souvent avec moi sur Dieu, sur nous et sur la Nature. Il avait des prétentions au pyrrhonisme, et jaloux de soutenir son rôle, il nia les facultés de Lambert, tandis qu'ayant nouvellement lu *les Enfans célèbres*, je l'accablais de preuves en lui citant le petit Montcalm, Pic de la Mirandole, Pascal, tous les cerveaux précoces, anomalies célèbres dans l'histoire de l'esprit humain, et les prédécesseurs de Lambert.

J'étais alors moi-même passionné pour la lecture. Grâce à l'envie que mon père avait de me voir à l'École polytechnique, il payait pour moi des leçons particulières de mathématiques. Or mon répétiteur, bibliothécaire du collége, me laissait prendre des livres sans trop regarder à ceux que j'emportais de la bibiliothèque, lieu tranquille où, pendant les récréations, il me faisait venir pour me donner ses leçons. Je crois qu'il était ou peu habile ou fort occupé de quelque grave entreprise, car il me permettait très-volontiers de lire pendant le temps des répétitions et travaillait je ne sais à quoi. Donc, en vertu d'un pacte tacitement convenu entre nous deux, je ne me plaignais point de ne rien apprendre, et lui, se taisait sur mes emprunts de livres.

Entraîné par cette intempestive passion, je négligeais mes études pour composer des poëmes qui devaient, certes, inspirer peu d'espérances, si j'en juge par ce trop long vers, devenu célèbre, parmi mes camarades, et qui commençait une épopée sur les Incas :

O Inca! ô roi in-fortuné et malheureux!

Je fus surnommé *le Poète* en dérision de mes essais. Les moqueries ne me corrigèrent pas. Je rimaillai toujours, malgré le sage conseil de M. Mareschal, notre directeur, qui tâcha de me guérir, par un apologue, d'une manie malheureusement invétérée, en me contant les malheurs d'une fauvette tombée de son nid, impatiente de voler avant d'avoir des ailes. Mais je continuai mes lectures, je devins l'écolier le moins agissant, le plus paresseux, le plus contemplatif de la division des Petits, et, partant, le plus souvent puni.

Cette digression autobiographique doit faire comprendre la nature des réflexions dont je fus assailli à l'arrivée de Lambert. J'avais alors douze ans. J'éprouvai tout d'abord une vague sympathie pour un enfant dont je partageais presque l'idiosyncrase. J'allais donc rencontrer un compagnon de rêverie et de méditation. Sans savoir encore ce qu'était la gloire, je trouvais glorieux d'être le camarade d'un enfant dont madame de Staël avait déjà préparé l'immortalité. Louis Lambert me semblait un géant.

Le lendemain si attendu vint enfin. Un moment avant le déjeuner, nous entendîmes dans la cour silencieuse le double pas de M. Mareschal et du Nouveau !... Aussitôt toutes les têtes se tournèrent vers la porte de la classe. Le père Haugoult, qui partageait les tortures de notre curiosité, ne nous fit pas entendre le sifflement par lequel il imposait silence à nos murmures et nous rappelait au travail. Nous vîmes alors ce fameux Nouveau que M. Mareschal tenait par la main. Le régent descendit de sa chaire, et le directeur lui dit solennellement, suivant l'étiquette :

— Monsieur, je vous amène Louis Lambert. Vous le mettrez avec les quatrièmes. Il entrera demain en classe.

Puis, après avoir causé à voix basse avec le régent, il dit tout haut :

— Où allez-vous le placer ?

Il eût été fort injuste de déranger l'un de nous pour le Nouveau, et comme il n'y avait plus qu'un seul pupitre de libre, Louis Lambert vint l'occuper, près de moi, qui étais entré le dernier dans la classe.

Malgré le temps que nous avions encore à rester en étude, nous nous levâmes tous pour examiner Lambert. M. Mareschal entendit nos colloques, nous vit en insurrection, et dit en souriant :

—Au moins, soyez sages et ne dérangez pas les autres classes.

Ces paroles nous mirent en récréation quelque temps avant l'heure du déjeuner, et nous vînmes tous environner Lambert, pendant que M. Mareschal se promena dans la cour avec le père Haugoult.

Nous étions environ quatre-vingt diables, hardis comme des oiseaux de proie. Quoique nous eussions tous passé par le cruel moment de cette espèce de noviciat, nous ne faisions jamais grâce à un Nouveau des rires moqueurs, des interrogations, des impertinences qui se succédaient en semblable occurrence, à la grande honte du néophyte, dont on essayait ainsi les mœurs, la force et le caractère.

Lambert, ou calme ou abasourdi, ne répondit à aucune de nos questions. Alors, l'un de nous ayant dit qu'il sortait sans doute de l'école de Pythagore, un rire général éclata. Le Nouveau fut surnommé *Pythagore* pour toute sa vie de collége. Cependant le regard perçant de Lambert, le dédain peint sur sa figure pour nos enfantillages en désaccord avec la nature de son esprit, l'attitude aisée dans laquelle il sut rester, sa force apparente, en harmonie avec son âge, imprimèrent un certain respect aux plus mauvais sujets d'entre nous. Quant à moi, j'étais près de lui, tout occupé à l'examiner, sans rien dire.

Louis était un enfant maigre et fluet,

haut de quatre pieds et demi. Sa figure hâlée, ses mains brunies par le soleil paraissaient accuser une vigueur musculaire que, néanmoins, il n'avait pas à l'état normal. Aussi, deux mois après son entrée au collége, quand le séjour de la classe lui eut fait perdre sa coloration presque végétale, nous le vîmes devenir pâle et blanc comme une femme. Sa tête était d'une grosseur remarquable. Ses cheveux, d'un beau noir et bouclés par masses, prêtaient une grâce indicible à son front, dont les dimensions avaient quelque chose d'extraordinaire même pour nous, fort insoucians, comme on peut le croire, des pronostics de la Cranologie. La beauté de ce front prophétique provenait surtout de la coupe extrêmement pure des deux arcades sous lesquelles brillaient ses yeux noirs, qui semblaient taillées dans de l'albâtre, et dont les lignes, par un attrait assez rare, se trouvaient d'un parallélisme parfait en se rejoignant à la naissance du nez. Mais il était difficile de songer à sa figure, irrégulière du reste, en voyant ses yeux, dont le regard possédait une magnifique variété d'expression. Tantôt clair et pénétrant à étonner, tantôt d'une douceur céleste, ce regard devenait terne, sans couleur, pour ainsi dire, dans les momens où il se livrait à ses contemplations; et, alors, son œil ressemblait à une vitre d'où le soleil se serait retiré soudain après l'avoir illuminée. Il en était de sa force, toute nerveuse, et de son flexible organe comme de son regard : même mobilité, mêmes caprices. Sa voix se faisait douce comme la voix harmonieuse qui prononce un mot d'amour, au matin, dans un lit voluptueux; puis, elle était parfois pénible, incorrecte, raboteuse, s'il est permis d'employer ces mots, pour peindre des effets nouveaux. Quant à sa force habituelle, il était incapable de supporter la fatigue des moindres jeux, et semblait évidemment débile, infirme presque. Mais pendant les premiers jours de son noviciat, un de nos matadors s'étant moqué de cette maladive délicatesse qui le rendait impropre aux violens exercices en vogue dans le collége, Lambert prit, de ses deux mains et par le bout, une de nos tables qui contenait douze grands pupitres encastrés sur deux rangs et en dos d'âne; puis, s'appuyant à la chaire du régent et retenant la table par ses pieds qu'il plaça sur la traverse d'en-bas :

— Mettez-vous dix, et essayez de la faire bouger?... dit-il.

J'étais là, je puis attester ce singulier témoignage de force : il fut impossible de lui arracher la table. Lambert semblait avoir le don d'appeler à lui, dans certains momens, des pouvoirs extraordinaires, ou de rassembler toutes ses forces sur un point donné.

Mais les enfans, habitués aussi bien que les hommes, à juger de tout d'après leurs premières impressions, n'étudièrent Louis que pendant les premiers jours de son arrivée. Alors, il démentit entièrement les prédictions de madame de Staël, en ne réalisant aucun des prodiges que nous attendions de lui. Puis, après un trimestre d'épreuves, il passa pour un écolier très-ordinaire. Je fus donc seul admis à pénétrer dans cette âme sublime, et pourquoi ne dirai-je pas divine? Qu'y a-t-il de plus près de Dieu, que le génie dans un cœur d'enfant?

La conformité de nos goûts et de nos pensées nous rendit amis et Faisans. Notre fraternité devint si grande qu'on accola nos deux noms, et l'un ne se prononçait pas sans l'autre. Pour appeler l'un de nous, nos camarades criaient: *Le Poète-et-Pythagore!*..C'était une mode d'écolier, une fantaisie qui ne s'appliquait pas seulement à nous deux. Il existait d'autres noms qui offraient l'exemple d'un semblable mariage.

Je demeurai ainsi pendant deux années l'ami de collége du pauvre Louis Lambert, et ma vie se trouva, durant cette époque, assez intimement unie à la sienne pour qu'il me soit possible aujourd'hui d'en écrire l'histoire intellectuelle.

J'ai long-temps ignoré la poésie et les richesses cachées dans le cœur et sous le front de mon camarade. Il a fallu que j'arrivasse à trente ans; que mes observations se soient mûries et condensées; que le jet d'une plus vive lumière les ait même éclairées de nouveau pour que je comprisse toute la portée des phénomènes dont je fus alors l'inhabile témoin; j'en ai joui sans m'en expliquer ni la grandeur, ni le mécanisme; j'en ai même oublié quelques-uns et ne me souviens que des plus saillans. Mais aujourd'hui, ma mémoire les a coordonnés, et je me suis initié à tous les secrets de cette tête féconde en me reportant aux jours délicieux de notre jeune amitié. Le temps seul me fit donc pénétrer le sens des événemens et des faits qui abondent en cette vie inconnue, comme en celle de tant d'autres hommes perdus pour la science. Aussi cette notice biographique est-elle, dans l'expression et l'appréciation des choses, pleine d'anachronismes purement moraux qui, je crois, ne nuiront point à son genre d'intérêt.

Pendant les premiers mois de son séjour à Vendôme, Louis devint la proie d'une maladie dont les symptômes furent imperceptibles à l'œil de nos surveillans, et qui gêna nécessairement l'exercice de ses hautes facultés. Accoutumé au grand air, à l'indépendance d'une éducation particulière, aux tendres soins d'un vieillard qui le chérissait, habitué à penser sous le soleil, il lui fut bien difficile de se plier à la règle du collége, de marcher dans le rang, de vivre entre les quatre murs d'une salle où quatre-vingts jeunes gens étaient tous silencieux, assis sur un banc de bois, chacun devant son pupitre. Ses sens avaient une perfection qui leur donnait une exquise délicatesse, et tout souffrit chez lui de cette vie en commun. Les exhalaisons masculines par lesquelles l'air était corrompu, mêlées à la senteur d'une classe toujours sale et encombrée des débris de nos déjeuners ou de nos goûters, affectèrent son odorat, ce sens qui, tissu pour ainsi dire plus fortement que les autres avec le système cérébral, doit causer, par ses altérations, de grands ébranlemens à la pensée, en la mettant immédiatement en contact avec les choses extérieures. Outre ces causes de corruption atmosphérique, il y avait dans nos salles d'étude des baraques où chacun mettait son butin, et j'y ai souvent vu des pigeons tués pour les jours de fête, ou des mets dérobés au réfectoire. Enfin, nos salles contenaient encore une pierre immense où se trouvaient en tout temps deux seaux pleins d'eau, espèce d'abreuvoir où nous allions tous les matins nous débarbouiller le visage et nous laver les mains, à tour de rôle, en présence du maître. De là, nous passions à une table où des femmes nous peignaient et nous poudraient. Or, notre local n'étant nettoyé qu'une fois par jour, le matin avant notre réveil, il restait donc toujours malpropre, et, malgré le nombre des fenêtres et la hauteur de la porte, l'air y était incessamment vicié par les émanations du lavoir, par la peignerie, la baraque, et les mille industries de chaque écolier, sans compter nos quatre-vingts corps entassés. Cette espèce d'*Humus* collégial, mêlé sans cesse à la boue que nous rapportions des cours, formait un fumier d'une insupportable puanteur.

La privation de l'air pur et parfumé des campagnes ou des bois dans lequel il avait jusqu'alors vécu, le changement de ses habitudes, la discipline, tout contrista donc Lambert. La tête toujours appuyée sur sa main gauche, dont il accoudait le bras sur son pupitre, il passait les heures d'étude à regarder dans la cour le feuillage des arbres, ou les nuages du ciel. Il semblait étudier ses leçons; mais voyant sa plume immobile dans sa main, ou sa page toute blanche, le Régent lui criait :

— Vous ne faites rien, Lambert!....

Ce : — *Vous ne faites rien!*.....

lancé comme un coup d'épingle par des hommes dont l'instruction était loin de pouvoir se comparer à la sienne, le blessait au cœur.

Puis, il ne connut pas le loisir des récréations. Il eut des *pensum* à écrire. Le pensum, punition dont le genre varie selon les coutumes de chaque collége, consistait à Vendôme en un certain nombre de lignes copiées pendant les heures de récréation. Nous fûmes, Lambert et moi, si accablés de pensum, que nous n'avons pas eu six jours de liberté durant nos deux années d'amitié. Aussi, sans les livres que nous tirions de la bibliothèque, ce système d'existence nous eût menés à un abrutissement complet.

Nous nous attirions le pensum de mille manières.

Notre mémoire était si belle, que nous n'apprenions jamais nos leçons. Il nous suffisait d'entendre réciter à nos camarades les morceaux de français, de latin ou de grammaire, pour les répéter à notre tour ; mais si, par malheur, le maître s'avisait d'intervertir les rangs et de nous interroger les premiers, souvent nous ignorions même en quoi consistait la leçon. Alors le pensum arrivait malgré nos plus habiles excuses.

Enfin, nous attendions toujours au dernier moment pour faire nos devoirs. Avions-nous un livre à finir ? Étions-nous plongés dans une rêverie ? le devoir était oublié. Nouvelle source de pensum !

Que de fois nos versions furent écrites pendant le temps que le *premier* chargé de les recueillir en entrant en classe, mettait à demander à chacun la sienne!

Mais aux difficultés morales que Lambert éprouvait à s'acclimater dans le collége, se joignit encore un apprentissage non moins rude, et par lequel nous avions passé tous, celui des douleurs corporelles qui, pour nous, variaient à l'infini.

Chez les enfans, la délicatesse de l'épiderme exige des soins minutieux surtout en hiver où, constamment emportés par mille causes, ils quittent l'atmosphère glaciale d'une cour boueuse pour la chaude température des classes. Aussi, faute des attentions maternelles dont les Nouveaux se trouvaient tout à coup privés, les Petits et les Minimes étaient dévorés d'engelures et de crevasses si douloureuses que ces maux nécessitaient, pendant le déjeuner, un pansement particulier, mais très-imparfait à cause du grand nombre de mains, de pieds, de talons endoloris. D'ailleurs, beaucoup d'enfans étaient obligés de préférer le mal au remède. Ne leur fallait-il pas souvent choisir entre leurs devoirs à terminer, les plaisirs de la glissoire, et le lever d'un appareil insouciamment mis, plus insouciamment gardé. Puis, les mœurs du collége avaient amené la mode de se moquer des pauvres chétifs qui allaient au pansement, et c'était à qui ferait sauter les guenilles dont on leur enveloppait les mains. Donc, en hiver, plusieurs d'entre nous, les doigts et les pieds demi-morts, tout rongés de douleurs, étaient peu disposés à travailler parce qu'ils souffraient, et punis parce qu'ils ne travaillaient pas. Trop souvent la dupe de maladies artificielles, le Père ne tenait aucun compte des maux réels.

Moyennant le prix de la pension, les élèves étaient entretenus aux frais du collége dont l'administration avait coutume de passer un marché pour la chaussure et l'habillement : delà, cette inspection hebdomadaire dont j'ai déjà parlé. Mais ce mode excellent pour l'administrateur, a toujours de tristes résultats pour l'administré. Malheur au Petit qui contractait la mauvaise habitude d'éculer, de déchirer ses souliers ou d'en user prématurément les semelles, soit par un vice de marche, soit en les déchiquetant pendant les heures d'étude pour obéir au besoin d'action qu'éprouvent les enfans. Durant tout l'hiver, celui-là n'allait pas en promenade sans de vives souffrances. D'abord, la douleur de ses engelures se réveillait atroce autant qu'un accès de goutte. Puis, les agraphes et les ficelles destinées à retenir le soulier partaient, ou les talons éculés empêchaient la maudite chaussure d'adhérer aux pieds de l'enfant qui, alors, était forcé de la traîner péniblement dans les chemins glacés où, parfois, il lui fallait l'arracher de la boue. Enfin, l'eau, la neige y entraient souvent par une décousure inaperçue, par un béquet mal mis, et le pied se gonflait. Sur soixante enfans, il ne s'en rencontrait pas dix qui cheminassent alors sans quelque torture particulière; et néanmoins, ils suivaient le gros de la troupe entraînés par la marche, comme les hommes sont poussés dans la vie par la vie. Que de fois un généreux enfant pleura de rage, tout en trouvant un reste d'énergie pour aller en avant ou pour revenir au bercail malgré ses peines, tant à cet âge, l'âme encore neuve redoute et le rire et la compassion, deux genres de moqueries. Au collége, ainsi que dans la société, le fort méprise déjà le faible, sans savoir en quoi consiste la véritable force.

Ce n'était rien encore. Double mal, double chagrin. Point de gants aux mains. Si, par hasard, les parens, l'infirmière ou le directeur en faisaient donner aux plus délicats d'entre nous, les Loustics ou les grands de la classe, mettaient les gants sur le poêle, s'amusaient à les dessécher, à les gripper; puis, s'ils échappaient aux fureteurs, ils se mouillaient, se récroquevillaient, faute de soins. Bref, il n'y avait pas de gants possibles. Les gants étaient un privilége, et les enfans veulent être égaux.

Or, ces différens genres de douleur assaillirent Louis Lambert. Semblable à tous les hommes méditatifs qui, dans le calme de leurs rêveries, contractent l'habitude de quelque mouvement machinal, il avait la manie de jouer avec ses souliers, et les détruisait en peu de temps. Puis son teint de femme, la peau de son visage, ses lèvres se gerçaient au moindre froid; ses mains si molles, si blanches devenaient rouges, turgides; il s'enrhumait constamment; et fut donc enveloppé de souffrances jusqu'à ce qu'il eût accoutumé sa vie aux mœurs vendômoises. Instruit à la longue par la cruelle expérience des maux, force lui fut de songer à ses *affaires*, pour me servir d'une expression toute collégiale. Il lui fallut prendre soin de sa baraque, de son pupitre, de ses habits, de ses souliers; ne perdre ni son encre, ni ses livres, ni ses cahiers, ni ses plumes; enfin penser à ces mille détails de notre existence enfantine dont s'occupaient avec une rectitude commerciale ces esprits égoïstes et médiocres auxquels appartenaient infailliblement les prix d'excellence ou de bonne conduite; mais dont ne devait pas se soucier un enfant plein d'avenir, qui, sous le joug d'une imagination brillante, s'abandonnait au torrent de ses pensées.

Ce n'est pas tout. Il existe une lutte continuelle entre les maîtres et les écoliers, lutte sans trêve à laquelle rien n'est comparable dans la société, si ce n'est le combat de l'opposition contre le ministère dans un gouvernement représentatif. Mais les journalistes et les orateurs de l'opposition sont peut-être moins prompts à profiter d'un avantage, moins durs à reprocher un tort, moins âpres dans leurs moqueries que ne le sont les enfans envers les gens chargés de les régenter. A ce métier, la patience échapperait même aux anges; il n'en faut donc pas trop vouloir à un pauvre préfet d'études, peu payé, partant peu sagace, d'être parfois injuste ou de s'emporter. Sans cesse épié par une multitude de regards moqueurs, environné de piéges, il se venge quelquefois des torts qu'il se donne sur des enfans trop prompts à les apercevoir. Sauf les grandes malices dont elle constituait la punition naturelle, la férule était à Vendôme, l'*ultima ratio Patrum*. Aux devoirs oubliés, aux leçons mal sues, aux incartades vulgaires, le pensum suffisait. Mais l'amour-propre offensé parlait chez le maître par sa férule.

Parmi les souffrances physiques auxquelles nous étions soumis, la plus vive était, certes, celle que nous causait cette palette de cuir, épaisse d'environ deux doigts, appliquée sur nos faibles mains de toute la force, de toute la colère du régent. Pour recevoir cette correction classique, le coupable se mettait à genoux au milieu de la salle. Il fallait se lever de son banc, aller s'agenouiller près de la chaire, et subir les regards curieux, souvent moqueurs, de tous nos camarades. Aux âmes tendres, ces préparatifs étaient donc un double supplice, presque semblable au trajet du

Palais à la Grève que faisait jadis un condamné vers l'échafaud. Selon les caractères, les uns criaient en pleurant à chaudes larmes, avant ou après la férule ; les autres en acceptaient la douleur d'un air stoïque ; mais, en l'attendant, les plus forts pouvaient même à peine réprimer la convulsion de leur visage.

Louis Lambert fut accablé de férules, et les dut à l'exercice d'une faculté de sa nature dont il ignorait l'existence. Lorsqu'il était violemment tiré d'une méditation par le — *Vous ne faites rien!* du régent, il lui arrivait souvent, à son insu d'abord, de lancer à cet homme, un regard empreint de je ne sais quel mépris sauvage, tout chargé de pensée. Cette œillade causait, sans doute, une commotion électrique, insupportable au maître, qui, blessé par cette silencieuse épigramme, voulut désapprendre à l'écolier ce regard rutilant, lui interdire de faire rayonner son âme dans ses yeux et de la jeter comme un éclair en celle des autres.

La première fois que le Père se formalisa de ce dédain fluide, il dit cette phrase dont je me suis souvenu :

— Si vous me regardez encore ainsi, Lambert, vous allez recevoir une férule.

A ces mots, tous les nez furent en l'air, tous les yeux épièrent alternativement et le maître et Louis. L'apostrophe était si sotte que mon voisin accabla le Père d'un coup-d'œil foudroyant.

De là vint entre Lambert et le régent une querelle qui se vida par une certaine quantité de férules, et lui révéla le pouvoir oppresseur de son œil.

Ce pauvre poète si nerveusement

constitué, souvent vaporeux autant qu'une femme, dominé par une mélancolie chronique, tout malade de son génie comme une jeune fille l'est de cet amour qu'elle appelle et qu'elle ignore; cet enfant, et si fort et si faible, déplanté par Corinne de ses belles campagnes pour entrer dans le moule d'un collége auquel chaque intelligence, chaque corps doit, malgré sa portée, malgré son tempérament, s'adapter à la règle, à l'uniforme comme l'or s'arrondit en pièce sous le coup du balancier; Louis Lambert souffrit donc par tous les points où la douleur a prise sur l'âme et sur la chair.

Attaché sur un banc à la glèbe de son pupitre, frappé par la férule, frappé par la maladie, affecté dans tous ses sens, pressé par une ceinture de maux, tout le contraignit d'abandonner son enveloppe aux mille tyrannies du collége. Semblable aux martyrs qui souriaient au milieu des supplices, il se réfugia dans les cieux que lui entr'ouvrait sa pensée; et, peut-être, cette vie toute intérieure aida-t-elle à lui faire entrevoir les mystères auxquels il eut tant de foi!

Notre indépendance, nos occupations illicites, notre fainéantise apparente, l'engourdissement dans lequel nous restions, nos punitions constantes, notre répugnance pour nos devoirs et nos pensum, nous valurent la réputation incontestée d'être des enfans lâches et incorrigibles. Nos maîtres nous méprisèrent, et nous tombâmes également dans le plus affreux discrédit auprès de nos camarades auxquels nous dérobions le secret de nos études exceptionnelles, par crainte de leurs moqueries.

Cette double mésestime, injuste chez les Pères, était un sentiment naturel au cœur de nos condisciples. Nous ne savions ni jouer à la balle, ni courir, ni monter sur les échasses. Donc, aux jours d'amnistie, ou quand, par hasard, nous obtenions un instant de liberté, nous ne partagions aucun de leurs goûts. Étrangers à leurs plaisirs, nous restions seuls, mélancoliquement assis sous quelque arbre de la cour. Alors, le Poète-et-Pythagore étaient une exception, une vie en dehors de la vie commune. L'instinct si pénétrant, l'amour-propre si délicat des écoliers leur faisait pressentir en nous des esprits situés plus haut ou plus bas que les leurs. De là, chez les uns, haine pour notre muette aristocratie; et chez les autres, mépris pour notre inutilité. Ces sentimens étaient entre nous, à notre insu, peut-être.

Nous vivions donc exactement comme deux rats tapis dans le coin de la salle où étaient nos pupitres, également retenus là durant les heures d'étude et pendant celles des récréations. Cette situation excentrique dut nous mettre et nous mit en état de guerre avec tout le monde. Presque toujours oubliés, nous demeurions là, tranquilles, heureux à demi, semblables à deux végétations, à deux ornemens qui eussent manqué à l'harmonie de la salle. Mais, par fois, les plus taquins de nos camarades nous insultaient pour manifester abusivement leur force, et nous répondions par un mépris qui, souvent, faisait rouer de coups le Poète-et-Pythagore.

La nostalgie de Lambert dura plusieurs mois. Je ne sais rien qui puisse peindre la mélancolie à laquelle il fut en proie. Louis m'a gâté bien des chefs-d'œuvre... Nous avions fait tous deux le *Lépreux de la Vallée d'Aoste*, et avions éprouvé les sentimens exprimés dans le livre de M. de Maistre, avant que je ne le lusse. Or, un ouvrage peut retracer les souvenirs de l'enfance, mais il ne luttera jamais contre eux avec avantage. Les soupirs de Lambert m'ont appris des hymnes de tristesse bien plus éloquentes que ne le sont les plus belles pages de *René*. Mais aussi, peut-être, n'y a-t-il pas de comparaison entre les souffrances que cause une passion, réprouvée à tort ou à raison par nos lois, et les douleurs d'un pauvre enfant aspirant après la splendeur du soleil, la rosée des vallons et la liberté. René n'est l'esclave que d'un désir, Louis Lambert était tout une âme esclave. A talent égal, le sentiment le plus touchant ou fondé sur les désirs les plus vrais parce qu'ils sont les plus purs, doit surpasser les lamentations factices du génie.

Après être resté long-temps à contempler le feuillage d'un des tilleuls de la cour, Louis ne me disait qu'un mot, mais ce mot annonçait une immense rêverie.

— Heureusement pour moi, s'écria-t-il un jour, il se rencontre de bons momens pendant lesquels il me semble que les murs de la classe sont tombés, et que je suis ailleurs, dans les champs! Quel plaisir de se laisser aller au cours de sa pensée, comme un oiseau à toute la portée de son vol!...

— Pourquoi la couleur verte est-elle si prodiguée dans la nature? me demandait-il. Pourquoi y existe-t-il si peu de lignes droites?... Pourquoi l'homme dans ses œuvres emploie-t-il si rarement les courbes?...

Ces paroles trahissaient une longue course faite à travers les espaces. Certes, il avait revu des paysages entiers, ou respiré le parfum des forêts. Il était, vivante et sublime Élégie, toujours silencieux, résigné; toujours souffrant sans pouvoir dire : — Je souffre!...

Il lui fallait le monde pour pâture, et cet aigle se trouvait entre quatre murailles étroites et sales.

Aussi, sa vie devint-elle, dans la plus large accception de ce terme, une vie idéale. Plein de mépris pour les études presque inutiles auxquelles nous étions condamnés, il marchait dans sa route aérienne, complètement détaché des choses qui nous entouraient. Obéissant au besoin d'imitation qui domine les enfans, je tâchai de conformer mon existence à la sienne, et il m'inspira d'autant mieux sa passion pour l'espèce de sommeil dans lequel les contemplations profondes plongent le corps, que j'étais plus jeune et plus impressible. Aussi, nous nous habituâmes, comme deux amans, à penser ensemble, et à nous communiquer toutes nos rêveries.

Déjà, ses sensations intuitives avaient cette *acutesse* qui doit appartenir aux perceptions intellectuelles des grands poètes et les faire souvent approcher de la folie.

— Sens-tu, comme moi, me demanda-t-il un jour, s'accomplir en toi, malgré toi, de fantasques souffrances? Si, par exemple, je pense vivement à l'effet que produirait la lame de mon canif en entrant dans ma chair, j'y ressens tout-à-coup une douleur aiguë comme si je m'étais réellement coupé : il n'y a de moins que le sang. Mais cette sensation arrive et me surprend comme un bruit soudain qui troublerait un profond silence. Une idée causer des souffrances physiques! Hein, qu'en dis-tu?

Quand il exprimait des réflexions si ténues, nous tombions tous deux dans une rêverie naïve, nous mettant à rechercher en nous les indescriptibles phénomènes relatifs à la génération de la pensée dont il espérait saisir les moindres développemens, et pouvoir décrire un jour l'appareil inconnu. Puis, après des discussions, souvent mêlées d'enfantillage, un regard jaillissait des yeux flamboyans de Lambert; il me serrait la main, et il sortait de son âme un mot par lequel il tâchait de se résumer.

— Penser, c'est voir!.... me dit-il un jour, emporté par une de mes objections sur le principe de notre organisation.

Il était spiritualiste. Mais, d'après ses observations, j'osais le contredire et considérer l'intelligence comme un produit tout physique.

Ses études sur la substance de la pensée lui faisaient accepter avec une sorte d'orgueil la vie de privations à laquelle nous condamnaient et notre paresse et notre dédain pour nos devoirs. Il avait une certaine conscience de sa valeur qui le soutenait dans ses élucubrations. Avec quelle douceur je sentais son âme réagir sur la mienne! Que de fois nous sommes restés assis sur notre banc, occupés tous deux à lire un livre, nous oubliant réciproquement sans nous quitter, mais nous sachant tous deux là, plongés dans un océan d'idées comme deux poissons qui nagent dans les mêmes eaux!... Notre vie était donc toute végétative en apparence, mais nous existions par le cœur et par le cerveau. Les sentimens, les pensées étaient, pour nous, de grands événemens.

Lambert exerça sur mon imagination une influence dont je me ressens encore aujourd'hui. En effet, j'écoutais avidement ses récits empreints de ce merveilleux qui fait dévorer avec tant de délices,

**

aux enfans comme aux hommes, tous les contes où le vrai affecte les formes les plus absurdes. Sa passion pour les mystères et la crédulité naturelle au jeune âge nous entraînaient souvent à parler du ciel et de l'enfer. Louis tâchait, alors, en m'expliquant Swedenborg, de me faire partager ses croyances relatives aux anges. Dans ses raisonnemens même les plus faux, se rencontraient toujours des observations étonnantes sur la puissance de l'homme, et qui imprimaient à sa parole ces teintes de vérité sans lesquelles il n'y a rien de possible dans aucun art. Puis, la fin romanesque dont il dotait la destinée humaine était de nature à caresser le penchant qui porte les imaginations vierges à s'abandonner aux superstitions. N'est-ce pas durant leur jeunesse que les peuples enfantent leurs dogmes, leurs idoles?... Et les êtres surnaturels sous lesquels ils tremblent ne sont-ils pas la personnification de leurs sentimens, de leurs besoins agrandis?....

Ce qui me reste aujourd'hui dans la mémoire des conversations pleines de poésie que nous eûmes, Lambert et moi, sur le baron suédois, dont j'ai lu depuis les œuvres par curiosité, peut se réduire à ce précis.

Il y aurait en nous deux créatures distinctes. Selon Swedenborg, l'ange serait l'individu chez lequel l'être intérieur réussit à triompher de l'être extérieur.

Un homme veut-il obéir à sa vocation d'ange?... Dès que la pensée lui démontre sa double existence, il doit tendre à nourrir la frêle et exquise nature de l'ange qui est en lui. Si, n'ayant pas une vue translucide de sa destinée, il fait prédominer l'action corporelle au lieu de corroborer sa vie intellectuelle, toutes ses forces passent dans le jeu de ses sens extérieurs, et l'ange périt lentement par cette matérialisation des deux natures. Dans le cas contraire, s'il substante son intérieur des essences qui lui sont propres, l'âme l'emporte sur la matière, et tâche à s'en séparer. Alors, quand leur séparation arrive sous cette forme que nous appelons la Mort, l'ange, assez puissant pour se dégager de son enveloppe, demeure, et commence sa vraie vie.

Les individualités infinies qui différencient les hommes ne peuvent s'expliquer que par cette double existence : elles la font comprendre et la démontrent. En effet, la distance qui se trouve entre un homme dont l'intelligence inerte le condamne à une apparente stupidité et celui que l'exercice de sa vue intérieure a doué d'une force quelconque, doit nous faire supposer qu'il peut y avoir, entre les gens de génie et d'autres êtres, la même distance qui sépare les Aveugles, des Voyans.

Cette pensée qui étend indéfiniment la création, donne en quelque sorte la clef des cieux.

En apparence confondues ici bas, les créatures y sont, suivant la perfection de leur *être intérieur*, partagées en sphères distinctes, dont les mœurs et le langage sont étrangers les uns aux autres. Dans le monde invisible comme dans le monde réel, si quelque habitant des régions inférieures arrive, sans en être digne, à un cercle supérieur, non-seulement il n'en comprend ni les habitudes, ni les discours, mais encore sa présence y paralyse et les voix et les cœurs.

Dans sa Divine Comédie, Dante a peut-être eu quelque légère intuition de ces sphères qui commencent dans le monde des douleurs et s'élèvent, par un mouvement armillaire, jusques dans les cieux.

Le livre de Swedenborg serait donc l'ouvrage d'un esprit lucide qui aurait enregistré les innombrables phénomènes par lesquels les anges se révèlent au milieu des hommes.

Cette doctrine que je m'efforce aujourd'hui de résumer en lui donnant un sens logique, m'était présentée par Lambert avec toutes les séductions du mystère, enveloppée dans les langes de la phraséologie particulière aux mystagogues, diction obscure, pleine d'abstractions et si active sur le cerveau, qu'il y a certains livres de Jacob Bœhm, de Swedenborg ou de madame Guyon, dont la lecture acide fait surgir des fantaisies mentales, aussi exorbitantes que peuvent l'être les rêves de l'opium.

Lambert me racontait des faits mystiques tellement étranges et en frappait si vivement mon imagination qu'il me causait des vertiges. J'aimais néanmoins à me plonger dans ce monde mystérieux, invisible aux sens, où chacun se plaît à vivre, soit qu'il se le représente sous la forme indéfinie de l'Avenir, soit qu'il le revête des images indécises de la Fable. Ces réactions violentes de l'âme sur elle-même m'instruisaient à mon insu de sa force, et m'accoutumaient aux travaux de la pensée.

Quant à Lambert, il expliquait tout par son système sur les anges. Pour lui, l'amour pur, l'amour comme on le rêve au jeune âge, était la collision de deux natures angéliques. Aussi rien n'égalait l'ardeur avec laquelle il désirait rencontrer un ange-femme. Hé! qui plus que lui devait inspirer, ressentir l'amour!

Si quelque chose pouvait donner l'idée d'une exquise sensibilité, c'était, certes, le naturel aimable et bon, empreint dans ses sentimens, dans ses paroles, dans ses actions et ses moindres gestes, enfin dans la conjugalité qui nous liait l'un à l'autre, et que nous exprimions en nous disant : Faisans. Il n'y avait aucune distinction entre les choses qui venaient de lui ou de moi. Nous contrefaisions mutuellement nos deux écritures, afin que l'un pût faire, à lui seul, les devoirs de tous deux. Alors, quand l'un de nous avait à achever un livre qu'il était nécessaire de rendre au maître de mathématiques, nous pouvions lire sans interruption, l'un brochant la tâche et les pensum de l'autre. Nous nous acquittions de nos devoirs comme d'un impôt frappé sur notre tranquillité. Souvent ils étaient, si ma mémoire n'est pas infidèle, d'une supériorité remarquable lorsque Lambert les composait. Mais réputés, l'un et l'autre, pour deux idiots, le professeur analysait toujours nos devoirs sous l'empire d'un préjugé fatal, et les réservait même pour en amuser nos camarades.

Je me souviens qu'un soir, en finissant la classe qui avait lieu de deux à quatre heures, le maître prit une version de Lambert.

Le texte commençait par : *Caius Gracchus, vir nobilis.....*

Louis avait traduit ces mots par : *Caïus Gracchus était un noble cœur.*

— Où voyez-vous du cœur dans *nobilis ?...* dit brusquement le professeur.

Et tout le monde de rire. Lambert regardait le professeur d'un air hébété.

— Que dirait madame la baronne de Staël en apprenant que vous traduisez par un contre-sens le mot qui signifie de *race noble, d'origine patricienne ?*

— Elle dirait que vous êtes une bête !..... m'écriai-je à voix basse.

— Monsieur le Poète, vous allez

vous rendre en prison pour huit jours!... répliqua le professeur, qui malheureusement m'entendit.

Lambert reprit doucement en me jetant un regard d'une inexprimable tendresse :

— *Vir nobilis!...*

Madame de Staël causait, en partie, le malheur de Lambert. A tout propos, maîtres et disciples lui jetaient ce nom à la tête, soit comme une ironie, soit comme un reproche.

Louis ne tarda pas à se faire mettre en prison pour me tenir compagnie. Là, plus libres que partout ailleurs, nous pouvions parler pendant des journées entières, dans le silence des dortoirs où chaque élève possédait une niche de six pieds carrés dont les cloisons étaient garnies de barreaux par le haut et dont la porte à claire-voie se fermait tous les soirs et s'ouvrait tous les matins sous les yeux du Père, chargé d'assister à notre lever et à notre coucher. Le cric-crac de ces portes, manœuvrées avec une singulière promptitude par les garçons de dortoirs, était encore une des particularités de ce collége.

Ces alcoves ainsi bâties nous servaient de prison, et nous y restions quelquefois enfermés pendant des mois entiers. Les écoliers mis en cage tombaient sous l'œil sévère du Préfet, espèce de Censeur qui venait, à ses heures ou à l'improviste, d'un pas léger, pour savoir si nous causions au lieu de faire nos pensum. Mais les coquilles de noix semées dans les escaliers, ou la délicatesse de notre ouïe nous permettaient presque toujours de prévoir son arrivée; et nous pouvions nous livrer, sans trouble, à nos études chéries. Cependant, la lecture nous étant interdite, les heures de prison appartenaient ordinairement à des discussions métaphysiques, ou au récit de quelques accidens curieux relatifs aux phénomènes de la pensée.

Un des faits les plus extraordinaires est, certes, celui que je vais raconter, non-seulement parce qu'il concerne Lambert, mais encore parce qu'il en décida peut-être la destinée scientifique.

Le dimanche et le jeudi étaient, selon la jurisprudence des colléges, nos jours de congé. Mais les offices, auxquels nous assistions très-exactement, employaient si bien le dimanche, que nous considérions le jeudi comme notre seul jour de fête. En effet, la messe une fois entendue, nous avions assez de temps pour rester long-temps en promenade dans les campagnes situées aux environs de Vendôme. Le manoir de Rochambeau était l'objet de la plus célèbre de nos excursions, peut-être à cause de son éloignement. Rarement les Petits faisaient une course aussi fatigante; néanmoins, une fois ou deux par an, les régens leur proposaient la partie de Rochambeau comme une récompense.

En 1812, vers la fin du printemps, nous dûmes y aller pour la première fois, et le désir de voir le fameux château de Rochambeau dont le propriétaire donnait quelquefois du laitage aux élèves, les rendit tous sages. Donc, rien n'empêcha la partie.

Ni moi, ni Lambert ne connaissions

la jolie vallée du Loir, où cette habitation a été construite. Aussi, son imagination et la mienne furent-elles très-préoccupées la veille de cette promenade qui causait dans le collége une joie traditionnelle. Nous en parlâmes pendant toute la soirée, en nous promettant d'employer en fruits et en laitage l'argent que nous possédions contrairement aux lois vendômoises. Le lendemain, après le dîner nous partîmes, à midi et demi, tous munis d'un cubique morceau de pain que l'on nous distribuait d'avance pour notre goûter. Puis, alertes comme des hirondelles, nous marchâmes en troupe vers le célèbre castel avec une ardeur qui ne nous permettait pas de sentir, tout d'abord, la fatigue.

Quand nous fûmes arrivés sur la colline d'où nous pouvions contempler et le château assis à mi-côte, et la vallée tortueuse où brille la rivière en serpentant dans une prairie gracieusement échancrée, admirable paysage, un de ceux auxquels les vives sensations du jeune âge ou celles de l'amour ont imprimé tant de charme, que, plus tard, il ne faut jamais les aller revoir, Louis Lambert me dit :

— Mais, j'ai vu cela, cette nuit, en rêve !...

Il reconnut et le bouquet d'arbres sous lequel nous étions, et la disposition des feuillages, la couleur des eaux, les tourelles du château, les accidens, les lointains, enfin tous les détails du site qu'il apercevait pour la première fois.

Nous étions bien enfans l'un et l'autre, moi, du moins, qui n'avais que treize ans; car, à quinze ans, Louis pouvait avoir la profondeur d'un homme de génie; mais à cette époque nous étions tous deux incapables de mensonge dans les moindres phases de notre vie d'amitié. D'ailleurs, si Lambert pressentait, par la toute-puissance de sa pensée, l'importance des faits, il était loin d'en deviner d'abord l'entière portée. Aussi commença-t-il par être étonné de celui-ci. Je lui demandai s'il n'était pas venu à Rochambeau pendant son enfance. Ma question le frappa. Mais, après avoir consulté ses souvenirs, il me répondit négativement.

Cet événement, dont beaucoup d'hommes peuvent retrouver l'analogue dans les phénomènes de leur sommeil, fera comprendre la hauteur et la largeur cérébrales de Lambert. En effet, il sut en déduire tout un système, s'emparant, comme fit Cuvier dans un autre ordre de choses, d'un fragment de pensée pour reconstruire toute une création.

En ce moment, nous nous assîmes tous deux sous une vieille truisse de chêne. Puis, après quelques momens de réflexion, Louis me dit :

— Si le paysage n'est pas venu vers moi, ce qu'il serait absurde de penser, je suis donc venu vers lui... Si j'étais ici pendant que je dormais dans mon alcove, ce fait ne constitue-t-il pas une séparation complète entre mon corps et mon être intérieur? N'atteste-t-il pas dans celui-ci une faculté locomotive ou des effets qui équivalent à ceux de la locomotion? Or, s'ils ont pu se quitter pendant le sommeil, pourquoi ne les ferais-je pas également divorcer ainsi pendant la veille?

— N'y aurait-il pas toute une science dans ce phénomène?... ajouta-t-il en se frappant fortement le front. S'il n'est pas le principe d'une science, il trahit certainement en l'homme un singulier pouvoir. Il accuse au moins la désunion fréquente de nos deux natures, fait autour duquel je tourne depuis si longtemps. J'ai donc enfin trouvé un témoignage de la supériorité qui distingue nos sens latens de nos sens apparens!....

—Mais, peut-être, reprit-il après une pause et en laissant échapper un geste de doute, n'y a-t-il pas en nous deux natures?.... Peut-être sommes-nous tout simplement doués de qualités sensibles, intimes et perfectibles dont l'exercice, dont les développemens produisent en nous des phénomènes d'activité, de pénétration, de vision, encore inobservés. Dans notre amour du merveilleux, passion engendrée par notre orgueil, nous aurons transformé ces effets en créations poétiques, parce que nous ne les comprenions pas. Il est si commode de déifier l'incompréhensible. Ah! j'avoue que je pleurerai la perte de mes illusions. J'avais besoin de croire à une double nature et aux anges de Swedenborg! Cette nouvelle science les tue; car n'y a-t-il pas une science toute entière dans l'examen de nos propriétés inconnues?

Il demeura pensif, triste à demi. Peut-être voyait-il ses rêves de jeunesse comme des langes qu'il lui faudrait bientôt quitter.

— La vue et l'ouïe, dit-il en riant

de son expression, sont sans doute les gaînes d'un outil merveilleux!...

Pendant tous les instans où il m'entretenait du ciel et de l'enfer, il regardait toujours la nature en maître, mais en proférant ces dernières paroles grosses de science, il planait sur le paysage, et son front me paraissait prêt à crever sous l'effort du génie. Sa jaillissante cervelle semblait passer par tous les organes destinés à projeter les forces intelligentielles: ses yeux dardaient la pensée; sa main levée, ses lèvres tremblantes, son regard brûlant parlaient et rayonnaient. Enfin, sa tête, comme trop lourde, ou fatiguée par un élan trop violent, retomba sur sa poitrine. Cet enfant, ce géant se voûta, me prit la main, la serra dans la sienne qui était moite, tant il était enfiévré par la recherche de la vérité; puis, après une pause, il me dit :

— Je serai célèbre!

— Mais toi aussi!.... ajouta-t-il vivement. Nous serons tous deux les alchimistes du cerveau.

Cœur exquis! Je reconnaissais sa supériorité; mais lui se gardait bien de jamais me la faire sentir. Il partageait avec moi les trésors de sa pensée, me comptait pour quelque chose dans ses découvertes, et me laissait en propre mes infirmes réflexions. Toujours gracieux comme une femme qui aime, il avait toutes les pudeurs de sentiment, toutes les délicatesses d'âme qui rendent la vie et si bonne et si douce à porter.

Il commença le lendemain même un ouvrage qu'il intitula : *Traité de la Volonté*. Ses réflexions en modifièrent souvent le plan et la méthode; mais l'événement de cette journée solennelle en fut certes le germe, comme la sensation électrique toujours ressentie par Mesmer à l'approche d'un valet, fut l'origine du magnétisme, science jadis cachée au fond des mystères de Delphes et d'Isis. Éclairées par cette soudaine clarté, les idées de Lambert prirent des proportions plus étendues, il démêla dans ses acquisitions des vérités éparses, et les rassembla. Puis, comme un fondeur, il coula son groupe.

Après six mois d'une application soutenue, les travaux de Lambert excitèrent la curiosité de nos camarades et furent l'objet de quelques plaisanteries cruelles qui devaient avoir une funeste issue. Un jour, l'un de nos persécuteurs voulut absolument voir les manuscrits, il ameuta tous ses partisans et vint s'emparer violemment d'une cassette où était déposé ce trésor que Lambert et moi défendîmes avec un courage inouï. La boîte était fermée, il fut impossible à nos agresseurs de l'ouvrir; mais ils essayèrent de la briser dans le combat. Cette noire méchanceté nous fit jeter les hauts cris. Quelques camarades, animés d'un esprit de justice ou frappés de notre résistance héroïque, conseillaient de nous laisser tranquilles en nous accablant d'une insolente pitié, lorsque, soudain, le père Haugoult, attiré par le bruit de la bataille, intervint brusquement, et s'enquit de la dispute. Nos adversaires nous ayant distraits de nos pensum, le régent venait défendre ses esclaves. Pour s'excuser, les assaillans révélèrent l'existence des manuscrits. Alors, le terrible Haugoult nous ordonna de lui remettre la cassette et de l'ouvrir. Si nous résistions, il pouvait la faire briser; Lambert lui en livra la clef. Le régent prit les papiers, les feuilleta; puis, il nous dit en les confisquant :

— Voilà donc les bêtises pour lesquelles vous négligez vos devoirs !...

De grosses larmes tombèrent des yeux de Lambert, arrachées autant par la conscience de sa supériorité morale offensée, que par l'insulte gratuite et la trahison dont nous étions victimes. Nous lançâmes à nos accusateurs un regard de reproche. Ne nous avaient-ils pas vendus à l'ennemi commun? Aussi, eurent-ils pendant un moment quelque honte de leur lâcheté. S'ils pouvaient, suivant le *Droit écolier*, nous battre, ils devaient garder le silence sur nos fautes. Le père Haugoult vendit probablement à un épicier de Vendôme le *Traité de la Volonté*, sans connaître l'importance des trésors scientifiques dont il dissipait les germes avortés.

Six mois après cet événement, je quittai le collége. J'ignore donc si Lambert, que notre séparation plongea dans une noire mélancolie, a recommencé son ouvrage.

Ce fut en mémoire de la catastrophe arrivée au livre de Louis que, récemment, dans l'ouvrage par lequel commencent les différentes séries de ces contes, je me suis servi, pour une œuvre fictive, du titre réellement inventé par Lambert. Mais cet emprunt n'est pas le seul que je lui ai fait. Son caractère, ses occupations, m'ont été très-utiles dans cette composition dont le sujet est dû à quelque souvenir de nos jeunes méditations. Maintenant cette Histoire est destinée à élever un monument où soit passagèrement attestée la vie de celui qui m'a légué tout son bien, sa pensée.

Dans cet ouvrage d'enfant, Lambert déposa des idées d'homme. Dix ans plus tard, en rencontrant quelques savans sérieusement occupés des phénomènes qui nous avaient frappés, et que Lambert analysa si miraculeusement, je compris l'importance de ses travaux, oubliés déjà comme un enfantillage. Je passai donc plusieurs mois à me rappeler les principales découvertes de mon pauvre camarade. Or, après avoir rassemblé mes souvenirs, je puis affirmer que, dès 1812, il avait établi, deviné, discuté, dans son Traité, plusieurs faits importans, dont, me disait-il, les preuves arriveraient tôt ou tard. Ses spéculations philosophiques devraient certes le faire admettre au nombre de ces grands penseurs apparus à divers intervalles parmi les hommes pour leur révéler les principes tout nus de quelque science à venir, en un seul mot, qui pousse ses racines dans l'entendement humain. Ainsi, un pauvre artisan, occupé à fouiller les terres pour trouver le secret des émaux, affirmait au seizième siècle, avec l'infaillible autorité du génie, les faits géologiques dont la démonstration est aujourd'hui toute la gloire de Buffon et de Cuvier.

Je crois pouvoir offrir une idée du traité de Lambert par les propositions capitales qui en faisaient la base, mais je les dépouillerai, malgré moi, des idées dans lesquelles il les avait enveloppées, et qui en étaient le cortège indispensable. Marchant dans un sentier autre que le sien, je prenais, de ses recherches celles qui servaient le mieux mon système. J'ignore donc si, moi, son disciple, je pourrai fidèlement traduire ses pensées, après me les être assimilées de manière à leur donner la couleur des miennes, malheureusement pour lui, peut-être.

A des idées nouvelles, des mots nouveaux ou des acceptions de mots anciens élargies, étendues, mieux définies. Lambert avait donc choisi, pour exprimer les bases de son système, quelques mots vulgaires, qui, déjà répondaient vaguement à sa pensée.

Le mot de VOLONTÉ servait à nommer *le milieu fluide* où se secrète *la pensée;* ou, dans une expression moins abstraite, la masse de force par laquelle l'homme peut reproduire, en dehors de lui-même, les actions dont se compose sa vie extérieure. LA VOLITION, mot dû aux réflexions de Locke, exprimait l'acte par lequel l'homme use de LA VOLONTÉ.

Le mot de PENSÉE, pour lui la quintessence même de la *volonté*, désignait aussi *le milieu fluide* où naissaient les IDÉES dont elle était la substance. L'IDÉE, nom commun à toutes les créations du cerveau, constituait l'acte par lequel l'homme use de la PENSÉE.

Ainsi la Volonté, la Pensée étaient les deux moyens générateurs; la Volition, l'Idée, les deux produits. La Volition lui semblait être l'Idée arrivée de son état abstrait à un état concret, de sa génération fluide, à une expression quasi-solide, si toutefois ces mots peuvent formuler des aperçus aussi difficiles à distinguer. La Pensée et les Idées devaient être le mouvement et les actes ne notre organisme intérieur, comme les Volitions et la Volonté, constituent ceux de la vie extérieure.

Il avait fait passer la Volonté avant la Pensée.

— Pour Penser, il faut Vouloir, disait-il. Beaucoup d'êtres vivent à l'état de Volonté, sans néanmoins arriver à l'état de Pensée. Au Nord, la longévité, au Midi, la brièveté de la vie; mais aussi, dans le Nord, la torpeur; au Midi, l'exaltation constante de la Volonté; jusqu'à la ligne, où, soit par trop de froid, soit par trop de chaleur, les organes sont presque annulés.

Son expression de *milieu fluide* lui avait été suggérée par une observation dont, enfant, il ne soupçonna, certes, pas l'importance, mais dont la bizarrerie dut frapper son imagination si délicatement impressible.

Sa mère, personne fluette et nerveuse, toute délicate donc, et tout aimante, était une de ces créatures destinées à représenter la Femme dans la perfection la plus pure de ses attributs, mais que le sort abandonne par erreur, au fond de l'état social. Tout amour, partant toute souffrance, elle mourut jeune, incomprise après avoir jeté ses facultés dans l'amour maternel.

Lambert, enfant de six ans, couché dans un grand berceau, près du lit maternel, mais n'y dormant pas tout d'abord, vit quelques étincelles électriques jaillir assez souvent de la chevelure de sa mère au moment où elle se peignait. L'homme de quinze ans s'empara pour la science de ce fait avec lequel l'enfant avait joué, fait irrécusable dont maintes preuves se rencontrent chez presque toutes les femmes auxquelles une certaine fatalité de destinée, laisse des sentimens méconnus à exhaler ou je ne sais quelle surabondance de force à perdre.

Alors, à l'appui de ses définitions, Lambert ajouta plusieurs problèmes à résoudre, beaux défis jetés à la science et dont il se proposait de rechercher les solutions, se demandant à lui-même :

Si le principe constituant de l'électricité n'entrait pas comme base dans le fluide particulier d'où s'élançaient nos Idées et nos Volitions?

Si la chevelure qui se décolore, s'éclaircit, tombe et disparaît selon les divers degrés de déperdition ou de cristallisation des pensées, ne constituait pas un système de capillarité tout électrique?

Si les phénomènes fluides de notre Volonté, substance procréée en nous et si spontanément réactive au gré de conditions encore inobservées, étaient plus extraordinaires que ceux du fluide invisible, intangible que produit la pile voltaïque sur le système nerveux d'un homme mort?

Si la formation de nos idées et leur exhalation constante étaient moins incompréhensibles que ne l'est l'évaporation des corpuscules imperceptibles et si violens dans leur action, dont un grain de musc est susceptible, sans perdre sensiblement de son poids?

Si, laissant au système cutané de notre enveloppe une destination toute défensive, absorbante, exsudante et tactile, la circulation sanguine et son appareil ne répondaient pas à la transubstantiation de notre Volonté, comme la circulation du fluide nerveux, à celle de la Pensée?

Enfin, si l'affluence plus ou moins vive de ces deux substances réelles ne devrait pas résulter d'une certaine perfection ou imperfection d'organes dont il fallait étudier les conditions dans tous leurs modes?

Ces principes établis, il voulait classer les phénomènes de la vie humaine en deux séries d'effets distincts, et, pour chacune d'elles, il réclamait une analyse spéciale, avec une instance toute ardente de conviction.

En effet, après avoir observé, dans presque toutes les créations, deux mouvemens séparés, il les pressentait, les admettait même pour notre nature, et les nommait: L'ACTION et la RÉACTION. — Un désir, disait-il, est un fait entièrement accompli dans notre Volonté avant de l'être extérieurement.

Ainsi, l'ensemble de nos Volitions et de nos Idées constituait *l'Action*, et l'ensemble de nos actes extérieurs, la *Réaction*.

Lorsque, plus tard, je lus les observations faites par Bichat sur le dualisme de nos sens extérieurs, je fus comme étourdi par mes souvenirs, en reconnaissant une coïncidence frappante entre les idées de ce célèbre physiologiste et celles de Lambert. Morts tous deux avant le temps, ils avaient marché d'un pas égal à je ne sais quelles vérités.

La nature s'est complue en tout à donner de doubles destinations aux divers appareils constitutifs de ses créatures, et la double action de notre organisme qui n'est plus un fait contestable, appuie par un ensemble de preuves d'une éventualité quotidienne, les déductions de Lambert relativement à *l'Action* et à la *Réaction*.

L'être *Actionnel* ou intérieur, mot dont il se servait pour nommer le *species* inconnu, le mystérieux ensemble de fibrines auquel sont dues les différentes puissances incomplètement observées de la Pensée, de la Volonté; enfin cet être innommé voyant, agissant, mettant tout à fin, accomplissant tout, avant aucune démonstration corporelle, doit, pour se conformer à sa nature, n'être soumis à aucune des conditions physiques par lesquelles l'être *réactionnel*, extérieur, l'homme visible est arrêté dans ses manifestations.

De là, découlait une multitude d'explications logiques sur les effets les plus bizarres en apparence de notre double nature, et les rectifications de plusieurs systèmes à la fois justes et faux.

Certains hommes ayant entrevu quelques phénomènes du jeu naturel de l'*être actionnel*, furent, comme Swedenborg, emportés au delà du monde vrai, par une âme ardente, amoureuse de poésie, ivre du principe divin. Tous se plurent donc, dans leur ignorance des causes, dans leur admiration du fait, à diviniser cet appareil intime, à bâtir un mystique univers. De là, les anges!... Délicieuses illusions auxquelles ne voulait pas renoncer Lambert qui les caressait encore au moment où le glaive de son Analyse en tranchait les éblouissantes ailes.

Mais comment, en des siècles où l'entendement avait gardé les impressions religieuses et théurgiques dues aux temps intermédiaires entre Jésus-le-Christ et Descartes, entre la Foi et le Doute, comment se défendre d'expliquer les mystères de notre nature intérieure autrement que par une intervention divine?... A qui, si ce n'est à Dieu même, les savans pouvaient-ils demander raison d'une créature invisible, si activement, si réactivement sensible et douée de facultés si étendues, si perfectibles par l'usage ou si puissantes sous l'empire de certaines conditions occultes, que :

Tantôt, ils lui voyaient, par un phénomène de vision ou de locomotion, abolir l'espace dans ses deux modes de Temps et de Distance dont l'un est l'espace intellectuel, et l'autre, l'espace physique ;

Tantôt, ils lui voyaient reconstruire le passé, soit par une retrospective puissance de vue, soit par un mystère inconnu d'une palingénésie, assez semblable au pouvoir que posséderait un homme de reconnaître aux linéamens, tégumens et rudimens d'une graine, ses floraisons antérieures, dans les innombrables modifications de leurs nuances, de leurs parfums et de leurs formes ;

Et que, tantôt enfin, ils lui voyaient

deviner imparfaitement l'avenir, soit par l'aperçu des causes premières, soit par un phénomène de pressentiment physique.

Mais d'autres hommes, moins poétiquement religieux, froids et raisonneurs, charlatans peut-être, enthousiastes du moins par le cerveau, sinon par le cœur, reconnaissant quelques-uns de ces phénomènes isolés, les tinrent pour vrais sans les considérer comme les irradiations d'un centre commun. Alors chacun d'eux voulut convertir un simple fait en science. De là, vinrent la démonologie, l'astrologie judiciaire, la sorcellerie, enfin toutes les divinations fondées sur des accidens essentiellement transitoires, parce qu'ils variaient selon les tempéramens, au gré de circonstances encore complètement inconnues.

Mais aussi de ces erreurs savantes et des procès ecclésiastiques où succombèrent tant de martyrs de leurs propres facultés, résultèrent des preuves éclatantes du pouvoir prodigieux dont dispose l'*être actionnel*, qui, suivant Lambert, peut s'isoler complètement de l'*être réactionnel*, en briser l'enveloppe, faire tomber les murailles devant sa toute-puissante vue, phénomène nommé, chez les Indiens, la *Tokeïade*, au dire des missionnaires; puis, par une autre faculté, saisir dans le cerveau les idées qui s'y sont formées ou qui s'y forment et tout le passé de la conscience, malgré les plus épaisses circonvolutions cervicales.

— Si les apparitions ne sont pas impossibles, disait Lambert, elles doivent avoir lieu par la récrudescence des Idées qui représentent l'homme dans son essence pure, et dont la vie, impérissable peut-être, échappe à nos sens extérieurs, mais peut devenir perceptible à l'être intérieur quand il arrive, par l'exercice de ses facultés, à un haut degré d'extase ou à une grande perfection de vue.

Je sais, mais vaguement aujourd'hui, que, suivant pas à pas, les effets de la Pensée et de la Volonté dans tous leurs modes, après en avoir établi les lois, Lambert avait rendu compte d'une foule de phénomènes qui, jusqu'à lui, passaient à juste titre pour incompréhensibles.

Ainsi les sorciers, les possédés, les gens à seconde vue et les démoniaques de toute espèce, ces victimes du moyen-âge, étaient l'objet d'explications si naturelles, que souvent leur simplicité me parut être le cachet de la vérité.

Les dons merveilleux que l'Église Romaine, jalouse de mystères, punissait par le bûcher, étaient, selon lui, le résultat de certaines affinités entre les principes constituans de la Matière et ceux de la Pensée qui procèdent de la même source, source éternellement cachée!

L'homme, armé de la baguette de coudrier, obéissait, en trouvant les eaux vives, à quelque sympathie, ou à quelque antipathie à lui-même inconnues.

Il a fallu la bizarrerie de ces sortes d'effets pour donner à quelques-uns d'entre eux une certitude historique.

Les sympathies ont été rarement constatées, elles constituent des plaisirs dont les gens assez heureux pour en être doués gardent seuls la mémoire, à moins qu'ils n'en confessent la singularité; encore, est-ce dans le secret de l'intimité où tout s'oublie.

Mais les antipathies qui résultent d'affinités contrariées, ont été fort heureusement notées quand elles se rencontraient en des hommes célèbres. Ainsi Boyle éprouvait des convulsions en entendant jaillir de l'eau; Scaliger pâlissait en voyant du cresson; Érasme avait la fièvre en sentant du poisson. Ces trois antipathies procédaient de substances aquatiques. Le duc d'Épernon s'évanouissait à la vue d'un levraut; Tychobrahé, à celle d'un renard; Henri III, à celle d'un chat; le maréchal d'Albret, à celle d'un marcassin; antipathies toutes produites par des émanations animales et ressenties souvent à des distances énormes. Le chevalier de Guise,

Marie de Médicis, et plusieurs autres personnages se trouvaient mal à l'aspect des roses, même peintes.

Ces effets d'antipathies authentiques, prises parmi toutes celles que les hasards de l'Histoire ont illustrées, peuvent suffire à faire comprendre les effets des sympathies inconnues.

Ce fragment d'investigation dont je me suis souvenu, entre tous les aperçus de Lambert, fera concevoir la méthode avec laquelle il procédait dans ses œuvres.

Je ne crois pas devoir insister sur la connexité qui liait à cette théorie, les sciences équilatérales inventées par Gall et Lavater; elles en étaient les corollaires naturels, et tout esprit légèrement scientifique apercevra les ramifications par lesquelles s'y rattachaient nécessairement les observations phrénologiques de l'un et les documens physiognomiques de l'autre. La découverte de Mesmer, si importante et si mal appréciée encore, se trouvait toute entière dans un seul développement de ce Traité, quoique Louis ne connût pas les œuvres laconiques du célèbre docteur suisse.

Une logique et simple déduction de ses principes lui avait fait reconnaître que la Volonté pouvait, par un mouvement tout contractile de l'être intérieur, s'amasser; puis, par un autre mouvement, être projetée au dehors et même être confiée à des objets matériels. Ainsi, la force entière d'un homme devait avoir la propriété de réagir sur les autres, et de les pénétrer d'une essence étrangère à la leur, s'ils ne se défendaient pas contre cette agression.

Aussi, pour lui, la Volonté, la Pensée, étaient-elles des *forces vives*, et en parlait-il de manière à vous faire partager ses croyances. Pour lui, ces deux puissances étaient en quelque sorte et visibles et tangibles. Pour lui, la pensée était lente ou prompte, lourde ou agile, claire ou obscure. Il lui attribuait toutes les qualités des êtres agissans, la faisait saillir, se reposer, se réveiller, grandir, vieillir, se rétrécir, s'atrophier, s'aviver. Il en surprenait la vie en en spécifiant tous les actes par les bizarreries de notre langage. Il en constatait la spontanéité, la force, les qualités avec une sorte d'intuition de la substance même.

— Souvent au milieu du calme et du silence, me disait-il, lorsque nos facultés intérieures sont endormies, que nous nous abandonnons à la douceur du repos, qu'il y a des espèces de ténèbres en nous, et que nous tombons dans la contemplation des choses extérieures; tout à coup, une idée s'élance, passe, avec la rapidité de l'éclair, à travers les espaces infinis dont notre cerveau nous donne la perception; puis, cette idée brillante, surgie comme un feu follet, s'éteint sans retour: existence éphémère, pareille à celle de ces enfans qui font connaître aux parens une joie et un chagrin sans bornes; espèce de fleur mort-née dans les champs de la pensée. Parfois aussi l'idée, au lieu de jaillir avec force, et de mourir sans consistance, commence à poindre, se balance dans les limbes inconnus des organes où elle prend naissance; elle nous use par un long enfantement; puis, elle se développe, elle grandit, elle est féconde, elle est riche et se produit au dehors dans toute la grâce de la jeunesse et avec tous les attributs d'une longue vie; elle soutient les plus curieux regards, elle les attire, ne les lasse jamais: l'examen qu'elle provoque commande l'admiration comme en toutes les œuvres long-temps élaborées. Tantôt les idées naissent par essaim: l'une entraîne l'autre; elles s'enchaînent; toutes sont agaçantes; elles abondent, elles sont folles. Tantôt elles se lèvent pâles, confuses, dépérissent faute de force ou d'alimens; la substance génératrice leur manque. Enfin, à certains jours, elles se précipitent dans les abîmes pour en éclairer les immenses profondeurs; elles nous épouvantent et laissent notre âme abattue. Les idées sont en nous un système complet, semblable à l'un des règnes de la nature, une sorte de floraison dont il serait possible à un homme, à un fou peut-être, de donner l'iconographie. Oui, tout atteste la vie de ces créations ravissantes que je compare à des fleurs, en obéissant à je ne sais quelle révélation de leur nature!... Au reste, leur production comme fin de l'homme n'est pas plus étonnante que celle des parfums et des couleurs dans la plante. Les parfums sont des idées peut-être! En pensant que la ligne où finit notre chair et où l'ongle commence contient l'inexplicable et invisible mystère de la transformation constante de nos fluides en corne, il faut reconnaître que rien n'est impossible dans les merveilleuses modifications de la substance humaine!..... Mais n'y a-t-il pas dans la nature morale des phénomènes de mouvement et de pesanteur semblables à ceux de la nature physique?... *L'attente*, pour choisir un exemple qui puisse être vivement senti de tout le monde, n'est si douloureuse que par l'effet de la loi en vertu de laquelle le poids d'un corps est multiplié par sa vitesse. La pesanteur du sentiment que produit l'attente ne s'accroît-elle pas par une addition constante des souffrances passées à la douleur du moment? Enfin, à quoi, si ce n'est à une substance électrique peut-on attribuer la magie par laquelle la Volonté, ou s'intronise si majestueusement dans les regards pour foudroyer les obstacles aux commandemens du génie; ou vient à éclater dans la voix; ou filtre, malgré l'hypocrisie, au travers de l'enveloppe humaine?... Le torrentueux courant de ce roi des fluides qui, suivant la haute pression de la Pensée, s'épanche à flots, ou s'amoindrit et s'effile, puis, s'amasse pour jaillir en éclairs, est l'occulte ministre auquel sont dus les admirables efforts de tous les arts et de toutes les passions: soit, les intonations de la voix, rude, suave, terrible, lascive, horripilante, séductrice, allant vibrer dans le cœur, dans les entrailles ou dans la cervelle au gré de nos vouloirs; soit tous les prestiges du toucher, d'où procèdent les transfusions mentales de tant d'artistes dont les mains créatrices, après mille études passionnées, évoquent la nature; soit enfin, les dégradations infinies de l'œil, depuis son atone inertie jusqu'à ses projections de lueur les plus effrayantes. A ce système Dieu ne perd aucun de ses droits. La Pensée matérielle m'en a raconté de nouvelles grandeurs!...

Après l'avoir entendu parlant ainsi, après avoir reçu dans l'âme son regard comme une lumière, il était difficile de ne pas être soit ébloui par sa conviction, soit entraîné par ses raisonnemens. Aussi, LA PENSÉE m'apparaissait-elle comme une puissance toute physique, accompagnée de ses incommensurables générations. Elle était une nouvelle Humanité sous une autre forme.

Ce simple aperçu des lois que Lambert prétendait être la formule de notre intelligence, doit suffire pour faire imaginer l'activité prodigieuse avec laquelle son âme se dévorait elle-même.

Il avait cherché des preuves à ses principes dans l'histoire des grands hommes, dont l'existence, mise à jour par les biographes, fournit des particularités curieuses sur les actes de leur entendement. Sa mémoire lui ayant permis de se rappeler les faits qui pouvaient servir de développement à ses assertions, il les avait annexés à chacun des chapitres auxquels ils servaient de démonstration, en sorte que plusieurs de ses maximes en acquéraient une certitude presque mathématique.

Les œuvres de Cardan, homme doué d'une singulière puissance de vision, lui donnèrent de précieux matériaux. Il n'avait oublié :

Ni Appollonius de Thyanes, annonçant en Asie la mort du tyran et peignant son supplice à l'heure même où il avait lieu dans Rome;

Ni Plotin, qui, séparé de Porphyre, sentit l'intention où était celui-ci de se tuer, et accourut pour l'en dissuader;

Ni le fait constaté, dans le siècle dernier, à la face de la plus moqueuse incrédulité qui se soit jamais rencontrée; fait surprenant pour les hommes habitués à faire du doute une arme contre Dieu seul, mais tout simple pour quelques savans. Alphonse Marie de Liguori, évêque de Sainte-Agathe, donna des consolations au pape Ganganelli, qui le vit, l'entendit et lui répondit. En ce même temps, à une très-grande distance de Rome l'évêque était observé en extase, chez lui, dans un fauteuil où il s'asseyait habituellement au retour de la messe. En reprenant sa vie ordinaire, il trouva ses serviteurs agenouillés devant lui. Tous le croyaient mort. — Mes amis, leur dit-il, le Saint-Père vient d'expirer!... Deux jours après, un courrier confirma cette nouvelle. L'heure de la mort du pape coïncidait avec celle où l'évêque était revenu à son état normal.

Ni l'aventure plus récente encore arrivée, dans le siècle dernier, à une jeune Anglaise, qui, aimant passionnément un marin, partit de Londres pour aller le retrouver; et, seule, sans guide, le retrouva dans les déserts de l'Amérique septentrionale, où elle arriva pour lui sauver la vie.

Louis avait mis à contribution les mystères de l'antiquité, les actes des martyrs où sont les plus beaux titres de gloire pour la Volonté humaine, les démonologues du moyen âge, les procès criminels, les recherches médicales; discernant partout le fait vrai, le phénomène probable avec une admirable sagacité.

Cette riche collection d'anecdotes scientifiques recueillies dans tant de livres, la plupart dignes de foi, servit sans doute à faire des cornets de papier, et ce travail au moins curieux, dû à la plus extraordinaire des mémoires humaines, a péri.

Entre toutes les preuves dont l'œuvre de Lambert était enrichie, se trouvait une histoire arrivée dans sa famille, et qu'il m'avait racontée avant d'entreprendre son traité. Ce fait relatif à la *post-existence* de l'être intérieur (si je puis me permettre de forger un mot nouveau pour rendre un effet innommé), me frappa si vivement que j'en ai gardé le souvenir.

Son père et sa mère eurent à soutenir un procès dont la perte devait entacher leur probité, seul bien des gens pauvres. Donc, l'anxiété fut grande quand on agita la question de savoir si l'on céderait à l'injuste aggression du demandeur, ou si l'on se défendrait contre lui. La délibération eut lieu par une nuit d'automne, devant un feu de tourbe, dans la chambre du tanneur et de sa femme.

A ce conseil, furent appelés deux ou trois parens et le bisaïeul maternel de Louis, vieux laboureur tout cassé, mais d'une figure vénérable et majestueuse, dont les yeux étaient clairs, dont le crâne jauni par le temps conservait encore quelques mèches de cheveux blancs épars. Semblable à l'*Obi* des nègres, au *Saga* des sauvages, c'était une espèce d'esprit oraculaire que l'on consultait dans les grandes occasions. Ses biens étaient cultivés par ses petits-enfans, qui le nourrissaient et le servaient. Il leur pronostiquait la pluie, le beau temps; leur indiquait le moment où ils devaient faucher ou rentrer les moissons; et la justesse barométrique de sa parole, devenue célèbre, augmentait toujours et la confiance et le culte dont il était l'objet. Il demeurait des journées entières immobile sur sa chaise. Cet état d'extase lui était familier depuis la mort de sa femme, pour laquelle il avait eu la plus vive et la plus constante des affections.

Le débat eut lieu devant lui, sans qu'il parût y prêter une grande attention. Enfin, quand il fut requis de donner son avis :

— Mes enfans, leur dit-il, cette affaire est trop grave pour que je la décide seul. Il faut que j'aille consulter ma femme!...

Le bonhomme se leva, prit son bâton, et sortit, au grand étonnement de tous les assistans, qui le crurent tombé en enfance; mais il revint bientôt et leur dit :

— Je n'ai pas eu besoin d'aller jusqu'au cimetière, votre mère est venue au-devant de moi, je l'ai trouvée auprès du ruisseau. Elle m'a dit que vous retrouveriez chez un notaire de Blois des quittances qui vous feraient gagner le procès.

Ces paroles furent prononcées d'une voix ferme. L'attitude, la physionomie de l'aïeul, annonçaient un homme pour lequel cette apparition était habituelle. En effet, les quittances contestées se retrouvèrent, et le procès n'eut pas lieu.

Cette aventure arrivée sous le toit paternel, aux yeux de Louis, alors âgé de neuf ans, contribua beaucoup à le faire croire aux visions miraculeuses de Swedenborg, qui donna pendant sa vie plusieurs preuves de la puissance de vision, dont il avait doué son *être intérieur*. Or, en avançant en âge, à mesure que son intelligence se développait, Lambert devait être conduit à rechercher dans les lois de la nature humaine les causes du miracle qui avait attiré son attention dès l'enfance. De quel nom appeler le hasard qui rassemblait, autour de lui, les faits, les livres relatifs à ces phénomènes, et le rendait lui-même le théâtre et l'acteur des plus grandes merveilles de la pensée?

Quand Louis n'aurait, pour toute gloire, que d'avoir, à l'âge de quinze ans, émis cette maxime psycologique:

« Les événemens ont des causes gé-
» nératrices, dans lesquelles ils sont
» virtuellement préconçus comme nos
» actions sont accomplies dans notre
» pensée, avant de se produire au-de-
» hors : les pressentimens et les pro-
» phéties sont *l'aperçu* de ces causes. »

Je crois qu'il faudrait déplorer en lui la perte d'un génie égal à celui des Pascal, des Lavoisier, des Laplace.

Peut-être ses chimères sur les anges dominèrent trop long-temps ses travaux; mais n'est-ce pas en cherchant à faire de l'or que quelques hommes ont insensiblement créé la chimie?

Cependant, si plus tard Lambert étudia l'anatomie comparée, la physique, la géométrie et toutes les sciences qui se rattachaient à ses découvertes, il eut nécessairement l'intention de rassembler des faits et de procéder par l'analyse, le seul flambeau qui puisse nous guider aujourd'hui à travers les obscurités de la moins saisissable de toutes les natures. Il avait certes trop de sens pour rester dans les nuages des théories, qui, toutes, se traduisent par quelques mots, par des principes. Or, aujourd'hui, la démonstration la plus simple n'est-elle pas plus précieuse que ne le sont les plus beaux systèmes ? Mais ne l'ayant pas connu pendant l'époque de sa vie où il dut réfléchir avec le plus de fruit, je ne puis que conjecturer la portée de ses œuvres d'après celle de ses méditations enfantines. Il est facile de saisir en quoi péchait sa Théorie de la Volonté ; mais quelqu'incomplet que pût être cet ouvrage, n'était-il pas le produit d'une science dont, plus tard, il aurait approfondi les mystères, assuré les bases, recherché, déduit et enchaîné les développemens. N'était-ce pas son *quod est demonstrandum*, le plan de son avenir?

Six mois après la confiscation du traité sur *la volonté*, je quittai le collége. Notre séparation fut brusque. Ma mère, alarmée d'une fièvre qui, depuis quelque temps, ne me quittait pas, et à laquelle mon inaction corporelle donnait les symptômes du *coma*, m'enleva du collége en quatre ou cinq heures. A l'annonce de mon départ, Lambert devint d'une tristesse effrayante; et nous nous cachâmes pour pleurer.

— Te reverrai-je jamais?... me dit-il

de sa voix douce, en me serrant dans ses bras.

— Tu vivras toi, reprit-il. Mais moi, je mourrai! Si je le peux, je t'apparaîtrai!.....

Il faut être jeune pour prononcer de telles paroles avec un accent de conviction qui les fasse accepter comme un présage, comme une promesse dont on redoute l'effroyable accomplissement. Pendant long-temps, j'ai pensé vaguement à cette apparition promise. Il est encore certains jours de spleen, de doute, de terreur, de solitude, où je suis obligé de chasser les souvenirs de cet adieu mélancolique, qui cependant ne devait pas être le dernier.

Lorsque je traversai la cour par laquelle nous sortions, Lambert était collé à une des fenêtres grillées du réfectoire pour me voir passer. Sur mon désir, ma mère obtint la permission de le faire dîner avec nous à l'auberge; et, à mon tour, le soir, je le ramenai au seuil fatal du collége. Jamais un amant et une maîtresse ne versèrent, en se séparant, plus de larmes que nous n'en répandîmes.

— Adieu donc!... Je vais être seul dans ce désert, me dit-il en me montrant les cours où deux cents enfans jouaient et criaient. Quand je reviendrai fatigué, demi-mort, de mes longues courses à travers les champs de la pensée, dans quel cœur me reposerai-je? Un regard me suffisait à te dire tout; mais qui donc maintenant me comprendra?... Adieu! Je voudrais ne t'avoir jamais rencontré, je ne saurais pas tout ce qui va me manquer....

— Et moi, lui dis-je, que deviendrai-je?... Ma situation n'est-elle pas plus affreuse? Je n'ai rien là pour me consoler, ajoutai-je en me frappant le front.

Il hocha la tête par un mouvement empreint d'une grâce pleine de tristesse, et nous nous quittâmes. Je l'ai revu depuis; mais ce n'était plus le Lambert étincelant que j'avais connu!...

En ce moment, Louis Lambert avait cinq pieds deux pouces : il n'a plus grandi. Sa physionomie, devenue largement expressive, attestait la bonté de son caractère. Une patience toute divine développée par les mauvais traitemens; la concentration continuelle exigée par sa vie contemplative avaient dépouillé son regard de cette audacieuse fierté qui plaît dans certaines figures, et dont naguères il savait accabler nos régens. Mais, sur son visage, éclataient un sentiment paisible et une sérénité ravissante que n'altérait jamais rien d'ironique ni de moqueur, et qui offrait une image de la force dans toute sa conscience. Il avait de jolies mains, bien effilées, presque toujours humides. Son corps était une merveille digne de la sculpture. Mais nos uniformes gris-de-fer, à boutons dorés, nos culottes courtes, nous donnaient une tournure si disgracieuse, que le fini des proportions de Lambert et sa morbidesse ne s'apercevaient qu'au bain. Quand nous nagions dans notre bassin du Loir, Louis se distinguait par la blancheur de sa peau, qui tranchait sur les différens tons de chair de nos camarades, tous violacés par l'eau et marbrés par le froid. Il était, comme

14

une fleur, délicat de forme, gracieux dans ses mouvemens, doucement coloré, ne frissonnant pas hors de l'eau, peut-être parce qu'il recherchait toujours le soleil, en s'étendant sur le gazon comme un jeune faon.

Il mangeait très-peu, ne buvait que de l'eau, et généralement n'aimait pas tout ce qui ressemblait à de la recherche pour sa personne. Il penchait assez habituellement sa tête à gauche, et restait si souvent accoudé que les manches de ses habits étaient toujours percées.

Quoique naturellement religieux, il n'admettait pas les pratiques de l'Église; mais ses idées sympathisaient avec celles de sainte Thérèse et de Fénelon, avec celles de plusieurs Pères et de quelques Saints, qui, de nos jours, seraient traités d'hérésiarques. Il était impassible pendant les offices. Sa prière procédait par des élancemens, par des élévations d'âme, mais capricieusement. Il laissait aller en tout la nature, et ne voulait pas plus prier que penser à heure fixe. Soüvent, à la chapelle, il pouvait tout aussi bien songer à Dieu que méditer quelque idée philosophique.

Jésus-Christ était pour lui le plus beau type de son système. Le :

Et Verbum caro factum est,

lui semblait de sublimes paroles destinées à exprimer la formule traditionnellè de la Volonté, du Verbe, de l'Action se faisant visibles. Le Christ ne s'apercevant pas de sa mort, ayant assez perfectionné l'être intérieur, par ses œuvres divines, pour qu'un jour, la forme invisible en apparût à ses disciples; enfin tous les mystères de l'Évangile, même le don des langues, et les guérisons magnétiques du Christ, tout lui confirmait sa doctrine.

Je me souviens de lui avoir entendu dire, à ce sujet, que le plus bel ouvrage à faire aujourd'hui était l'*Histoire de l'Église primitive.* Jamais il ne s'élevait autant vers la poésie qu'au moment où il abordait, dans une conversation du soir, l'examen des miracles opérés par la puissance de la Volonté pendant cette grande époque d'innocence et de foi. Il trouvait les plus fortes preuves de sa Théorie dans presque tous les martyres subis pendant le premier siècle de l'Église qu'il appelait *la grande ère de la pensée.*

— Les phénomènes arrivés dans la

plupart des supplices si héroïquement soufferts par les chrétiens et l'établissement de leurs croyances ne prouvent-ils pas, disait-il, que les forces matérielles du pouvoir ne prévaudront jamais contre la force des Idées et contre la Volonté de l'homme?... Chacun peut conclure de cet effet produit par la volonté de tous, en faveur de la sienne.

Je ne crois pas devoir parler de ses idées sur la poésie et sur la littérature, ni de ses jugemens sur les chefs-d'œuvre de notre langue. Il n'y aurait rien de bien curieux à consigner ici des opinions devenues presque vulgaires, mais qui, dans la bouche d'un enfant, pouvaient paraître extraordinaires. Il était à la hauteur de tout. Pour exprimer en deux mots son talent : il eût écrit Zadig et le Dialogue de Sylla et d'Eucrate. La grande rectitude de ses idées lui faisait désirer, avant tout, dans une œuvre, un caractère d'utilité, de même que son esprit fin y exigeait la nouveauté de la pensée et de la forme.

L'une de ses appréciations littéraires les plus remarquables, et qui fera comprendre l'esprit de toutes les autres aussi bien que la lucidité de ses jugemens, est celle-ci qui m'est restée dans la mémoire :

— *L'Apocalypse est une extase écrite.*

Il considérait la Bible comme la mythologie traditionnelle des peuples primitifs, et la mythologie grecque comme la traduction de la Bible faite par une nation amoureuse de grâce. Du reste, il émettait l'opinion singulière, d'après la lecture de je ne sais quel ouvrage, que ces deux mythologies étaient un pâle reflet des livres sacrés de l'Inde, et que cette triple littérature impliquait toutes les pensées de l'homme. Il ne se faisait pas un livre, selon lui, dont le sujet ne s'y pût trouver en germe.

Planant toujours au-dessus de la société, qu'il ne connaissait que par les livres, il la jugeait froidement.

— Les lois, disait-il, n'y arrêtent jamais les entreprises des grands ou des riches, et frappent les petits, qui ont, au contraire, besoin de protection!...

Sa bonté ne lui permettait donc pas de sympathiser avec les idées politiques; mais son système conduisait à l'obéissance passive dont Jésus-Christ donna l'exemple.

Pendant les derniers momens de

mon séjour à Vendôme, il ne sentait plus l'aiguillon de la gloire. Il avait, en quelque sorte, abstractivement joui de la Renommée, mais, après l'avoir ouverte, il n'avait, comme les anciens sacrificateurs qui cherchaient l'avenir dans le cœur des hommes, rien trouvé dans les entrailles de cette Chimère. Méprisant donc un sentiment tout personnel :

— La gloire, me disait-il, est l'égoïsme divinisé.

Ici peut-être faut-il, avant de quitter cette enfance exceptionnelle, la juger par un rapide coup-d'œil.

Quelque temps avant notre séparation, Lambert me disait :

— A part les lois générales dont j'espère avoir trouvé la formule, et que je crois être celles de notre organisme, la vie de l'homme est un mouvement qui se résout plus particulièrement, en chaque être, au gré de je ne sais quelle influence, par le Cerveau, par le Cœur, ou par l'Action. Des trois constitutions représentées par ces mots vulgaires, dérivent les modes infinis de l'Humanité, qui tous résultent des proportions dans lesquelles ces trois principes générateurs se trouvent plus ou moins bien combinés.....

Il s'arrêta, se frappa le front, et me dit :

— Singulier fait! Tous les grands hommes dont j'ai vu les portraits, ont le col court... Peut-être la nature veut-elle que, chez eux, le cœur soit plus près du cerveau.

Puis il reprit :

— De là, procède un certain ensemble

d'actes qui compose l'existence sociale. A l'homme de Cœur, la Foi; à l'homme d'Action, la Force; à l'homme de Cerveau, le Génie. Mais, ajouta-t-il tristement, au Génie, les Nuées du Sanctuaire; à Dieu seul, la Clarté.

Donc, suivant ses propres définitions, Lambert fut tout cœur et tout cerveau.

Pour moi, sa vie intellectuelle s'est scindée en trois phases.

Soumis, dès l'enfance, à une précoce activité due, sans doute à quelque maladie ou à quelque perfection de ses organes; dès l'enfance, ses forces se résumèrent par le jeu de ses sens intérieurs et par une surabondante production de fluide cervical. Homme d'idées, il lui fallut étancher la soif de son cerveau qui voulait s'assimiler toutes les idées. De là, ses lectures; et, de ses lectures, ses réflexions, qui lui donnèrent le pouvoir de réduire les choses à leur plus simple expression, de les absorber en lui-même, pour les y étudier dans leur essence.

Les bénéfices de cette magnifique période, accomplie chez les autres hommes, après de longues études seulement, échurent donc à Lambert pendant son enfance, enfance heureuse, enfance colorée par les studieuses félicités du poète. Le terme où arrivent la plupart des cerveaux fut le point d'où le sien devait vouloir, un jour, partir à la recherche de nouveaux mondes d'intelligence.

Là, sans le savoir encore, il s'était créé la vie la plus exigeante; et, de toutes, la plus avidement insatiable. Pour exister, ne lui faudrait-il pas jeter sans cesse une pâture à l'abîme qu'il avait ouvert en lui? Semblable à certains êtres des régions mondaines, ne pouvait-il pas périr faute d'alimens pour d'excessifs appétits trompés? N'était-ce pas la débauche importée dans l'âme, et qui devait la faire arriver, comme les corps saturés d'alcohol, à quelque combustion instantanée?

Cette première phase cérébrale me fut inconnue. Aujourd'hui seulement, je puis m'en expliquer ainsi les prodigieuses fructifications et les effets. Lambert avait alors treize ans.

Je fus assez heureux pour assister aux premiers jours du second âge. Alors, Lambert, et cela le sauva peut-être, tomba dans toutes les misères de la vie collégiale et y dépensa la surabondance de ses pensées. Ayant passé des choses à leur expression pure, des mots à leur substance idéale, de cette substance à des principes; ayant enfin tout abstrait, il aspirait, pour vivre, à d'autres créations intellectuelles. Là, dompté par les malheurs du collége et par les crises du corps, il demeura méditatif, devina les sentimens, entrevit de nouvelles sciences, véritables masses d'idées!

Arrêté dans sa course, et trop faible encore pour contempler les sphères supérieures, il se contempla intérieurement. Alors il m'offrit le combat de la pensée réagissant sur elle-même et cherchant à surprendre les secrets de sa nature, comme un médecin qui étudierait les progrès de sa propre maladie.

Dans cet état de force et de faiblesse, de grâce enfantine et de puissance surhumaine, Louis Lambert est l'être qui m'a donné l'idée la plus poétique et la plus vraie de la créature imaginaire que nous appelons *un ange*! en exceptant toutefois une femme dont je voudrais pouvoir dérober au monde le nom, les traits, la personne et la vie, pour avoir été seul dans le secret de son existence, et l'ensevelir au fond de mon cœur. J'ai cru devoir, malgré les difficultés de cette entreprise, essayer de peindre la jeunesse de Lambert, cette vie cachée à laquelle je suis redevable des seules bonnes heures et des seuls souvenirs agréables de mon enfance : hors-mis ces deux années, je n'ai eu que troubles et ennuis.

J'ai été très-diffus, sans doute. Mais faute de pénétrer dans l'étendue du cœur et du cerveau de Lambert, deux mots qui représentent imparfaitement les modes infinis *de sa vie intérieure*, il serait presque impossible de comprendre la troisième phase de son histoire intellectuelle, également inconnue et au monde et à moi, mais dont il m'a été permis d'entrevoir, pendant quelques heures, l'occulte dénouement.

Ceux auxquels ce livre ne sera pas encore tombé des mains, comprendront, je l'espère, les événemens qui me restent à raconter.

Lambert sortit du collége à l'âge de dix-huit ans, vers le milieu de l'année 1815. Il avait perdu son père et sa mère depuis environ six mois. Ne rencontrant personne dans sa famille avec qui son âme, toute expansive, mais toujours comprimée depuis notre séparation, pût sympathiser, il se réfugia chez son oncle, nommé son tuteur, et qui, chassé de sa cure en sa qualité de prêtre assermenté, était venu demeurer à Blois.

Louis y séjourna pendant quelque temps; mais, dévoré par le désir d'achever des études qu'il dut trouver incomplètes, il vint à Paris pour revoir madame de Staël, et pour puiser la science à toutes ses sources. Le vieux prêtre ayant une grande faiblesse pour Louis, lui laissa manger son héritage pendant un séjour de trois années à Paris, quoiqu'il y vécût dans la plus profonde misère. Il étudia le sanskrit, le grec, l'arabe, fouilla les bibliothèques, suivit tous les cours publics; mais il finit par revenir à Blois vers le commencement de l'année 1820, chassé de Paris par les souffrances qu'y trouvent les gens sans fortune. Son cœur y fut constamment froissé, son âme toujours contristée : il n'y rencontra ni amis pour le consoler, ni ennemis pour donner du ton à sa vie.

Contraint de vivre sans cesse en lui-même, et ne partageant avec personne ses exquises jouissances, il voulut peut-être résoudre l'œuvre de sa destinée par l'extase, et rester sous une forme presque végétale, comme un anachorète des premiers temps de l'Église, abdiquant ainsi l'empire du monde intellectuel. Certes, il avait dû beaucoup souffrir, recueillir bien de l'amertume parmi les hommes, ou, presser toute la société par quelque terrible ironie, sans pouvoir en rien tirer, pour arriver, lui pauvre, au désir que la lassitude de la puissance et de toute chose a fait accomplir à certains souverains.

Peut-être aussi venait-il achever, dans la solitude, quelque grande œuvre entreprise dans son cerveau. Personne, à cette époque, n'a été dans le secret de ses méditations. Il dut être en proie à de bien violens orages, à ces ouragans de volonté, à ces tempêtes de pensées par lesquelles tous les artistes sont agités, s'il faut en juger par le seul fait dont son oncle eût gardé la mémoire.

Louis, se trouvant au Théâtre-Français, placé sur une banquette des secondes galeries, près d'un de ces piliers entre lesquels sont les troisièmes, vit, en se levant pendant le premier entr'acte, une jeune femme qui venait d'arriver dans la loge voisine. La vue de cette femme, jeune et belle, bien mise, décolletée peut-être, et accompagnée d'un amant pour lequel sa figure s'animait de toutes les grâces de l'amour, produisit sur l'âme et les sens de Lambert un effet si cruel, qu'il fut obligé de sortir de la salle. S'il n'eût pas profité des dernières lueurs de sa raison, qui, dans le premier moment de cette brûlante passion, ne s'éteignit pas complètement, il aurait peut-être succombé au désir presque invincible qu'il ressentit alors, de tuer le jeune homme auquel s'adressaient les regards de cette femme. C'était, dans notre monde de Paris, un éclair de l'amour du Sauvage qui se jette sur la femme comme sur sa proie; c'était l'instinct de la bête joint à toute la rapidité des jets presque lumineux d'une âme comprimée sous la masse de ses pensées;

c'était le coup de canif imaginaire, ressenti par l'enfant, devenu, chez l'homme, le coup de foudre de son génie.

Quelques jours après son arrivée à Blois, Louis fut mené par son oncle, qui était très-désireux de lui procurer des distractions, dans l'une des maisons où il allait habituellement passer la soirée. Ce pauvre prêtre se trouvait dans cette ville dévote comme un véritable lépreux. Personne ne se souciait de recevoir un révolutionnaire, un assermenté. Sa société consistait donc en quelques personnes de l'opinion dite alors libérale, patriote ou constitutionnelle, chez lesquelles il se rendait pour faire sa partie de wisth ou de boston. Pendant cette soirée, Louis vit une jeune personne que sa position forçait à rester dans cette société réprouvée par les gens du grand monde, mais dont la ſortune était assez considérable pour faire supposer que, plus tard, elle pourrait contracter une alliance dans la haute aristocratie du pays.

Mademoiselle Pauline de Villenoix se trouvait seule héritière des richesses amassées par son grand-père, un juiſ, nommé Salomon, qui, contrairement aux usages de sa nation, avait épousé dans sa vieillesse une femme de la religion catholique. Il eut un fils élevé dans la communion de sa mère. A la mort de son père, le jeune Salomon acheta, suivant l'expression du temps, une savonette à vilain, et fit ériger en baronie la terre de Villenoix dont il prit le nom. Il était mort sans avoir été marié, mais en laissant une fille naturelle à laquelle il avait légué la plus grande partie de sa fortune, et notamment sa terre de Villenoix. Un de ses oncles, M. Joseph Salomon, fut nommé, par M. de Villenoix, tuteur de l'orpheline. Ce vieux juif avait pris une telle affection pour sa pupille, qu'il paraissait vouloir faire de grands sacrifices afin de la marier honorablement. Mais l'origine de mademoiselle de Villenoix et les préjugés que l'on conserve en province contre les juifs, ne lui permettaient pas, malgré sa fortune et celle de son tuteur, d'être reçue dans cette société tout exclusive qui s'appelle, à tort ou à raison, la Noblesse. Cependant M. Joseph Salomon prétendait qu'à défaut d'un hobereau de province, sa pupille irait choisir à Paris un époux parmi les pairs libéraux ou monarchiques. Quant à son bonheur, le bon tuteur croyait pouvoir le lui garantir par les stipulations du contrat de mariage.

Mademoiselle de Villenoix avait alors vingt ans. Sa beauté remarquable, les grâces de son esprit, étaient, pour sa félicité, des garanties moins équivoques que toutes celles données par la fortune.

Ses traits offraient dans sa plus grande pureté le caractère de la beauté juive, ces lignes ovales, si larges et si virginales, qui ont je ne sais quoi d'idéal et respirent les délices de l'Orient, l'azur inaltérable de son ciel, toutes les splendeurs de sa terre, et les fabuleuses richesses de sa vie. Elle avait de beaux yeux voilés par de longues paupières garnies de cils épais et recourbés. Une innocence toute biblique animait son front. Son teint avait la blancheur mate des robes du lévite. Elle restait habituellement silencieuse et recueillie; mais ses gestes, ses mouvemens, témoignaient d'une grâce cachée, de même que ses paroles attestaient l'esprit doux et caressant de la femme. Cependant elle n'avait pas cette fraîcheur rosée, ces couleurs purpurines dont les joues de la femme sont décorées pendant son âge d'insouciance. Des nuances brunes, mélangées de quelques filets rougeâtres, remplaçaient dans son visage la coloration, et trahissaient un caractère énergique, une irritabilité nerveuse que beaucoup d'hommes n'aiment pas à trouver dans une femme, mais qui, pour certains autres, sont l'indice d'une chasteté de sensitive et de passions fières.

Aussitôt que Lambert aperçut mademoiselle de Villenoix, il devina l'ange caché sous cette forme. Alors les facultés de son âme, si grandes, si fortes; sa pensée si vive, si exercée; sa pente vers l'extase, tout, en lui, se résolut par un amour sans bornes, par le premier amour du jeune homme, passion déjà si vigoureuse chez les autres, mais que la vivace ardeur de ses sens, la nature de ses idées et son genre de vie durent porter à une puissance incalculable. Cette passion fut un abîme où le malheureux jeta tout, abîme où la pensée s'effraie de descendre, puisque la sienne, si flexible et si aciérée, s'y perdit. Là, tout est mystère, car tout se passait dans le monde moral, clos pour la plupart des hommes, et dont il avait cru deviner les lois.

Lorsque le hasard me mit en relation avec son oncle, le bonhomme m'intro duisit dans la chambre habitée à cette époque par Lambert. Je voulais y chercher quelques traces de ses œuvres, s'il en avait laissé. Là, parmi des papiers dont le vieillard respectait le désordre avec cet exquis sentiment de douleur qui distingue les vieilles gens, je trouvai plusieurs lettres trop illisibles pour avoir été remises à mademoiselle de Villenoix.

La connaissance que je possédais de l'écriture de Lambert me permit, à l'aide du temps, de déchiffrer les hiéroglyphes de cette sténographie créée par l'impatience et par la frénésie de la passion. Emporté par ses sentimens, il écrivait sans s'apercevoir de l'imperfection des lignes trop lentes à formuler sa pensée trop rapide. Il avait dû être obligé de recopier ces essais informes où souvent les lignes se confondaient; mais peut-être aussi craignait-il de ne pas donner à ses idées des formes assez décevantes, et, dans le commencement, s'y prenait-il à deux fois pour ses lettres d'amour.

Quoi qu'il en soit, il a fallu toute l'ardeur de mon culte pour sa mémoire, et l'espèce de fanatisme que donne une entreprise de ce genre pour deviner et rétablir le sens des cinq lettres qui suivent. Ces papiers, que je conserve avec une sorte de piété, sont les seuls témoignages matériels de son ardente passion. Mademoiselle de Villenoix a sans doute détruit les véritables lettres qui lui furent adressées, fastes éloquens du délire qu'elle causa.

La première de ces lettres était évidemment ce qu'on nomme un brouillon, et il attestait par sa forme, par son ampleur, ces hésitations, ces troubles du cœur, ces craintes sans nombre éveillées par l'envie de plaire, ces changemens d'expression, et ces incertitudes entre toutes les pensées, qui assaillent un jeune homme écrivant sa première lettre d'amour : lettre dont on se souvient toujours, dont chaque phrase est le fruit d'une rêverie, dont chaque mot excite de longues contemplations, où le sentiment, le plus effréné de tous, comprend la nécessité des tournures les plus modestes; et, comme un géant qui se courbe pour entrer dans une chaumière, se fait humble et petit pour ne pas effrayer une âme de jeune fille.

Jamais antiquaire n'a manié ses palimpsestes avec plus de respect que je n'en eus à étudier, à reconstruire ces monumens mutilés d'une souffrance et d'une joie si sacrée pour ceux qui ont connu la même joie et la même souffrance.

I.

Mademoiselle, quand vous aurez lu cette lettre, si toutefois vous la lisez, ma vie sera entre vos mains, car je vous aime, et, pouvoir vous aimer, c'est pour moi la vie. Je ne sais pas si d'autres n'ont point, en vous parlant d'eux, abusé déjà des mots que j'emploie ici pour vous peindre l'état de mon âme; croyez cependant à la vérité de mes expressions : elles sont faibles mais sincères. Peut-être est-ce mal d'avouer ainsi son amour? Oui, la voix de mon cœur me conseillait d'attendre en silence que ma passion vous eût touchée, afin de la dévorer, si les muets témoignages vous en déplaisaient ; ou pour l'exprimer plus chastement encore que par d'impuissantes paroles, si je trouvais grâce à vos yeux. Mais, après avoir long-temps écouté les délicatesses dont s'effraie un jeune cœur, j'ai obéi, en vous écrivant, à l'instinct qui arrache des cris inutiles aux mourans. J'ai eu besoin de tout mon courage pour imposer silence à la fierté du malheur et pour franchir les barrières que les préjugés mettent entre vous et moi. Enfin, j'ai dû comprimer bien des pensées pour vous aimer malgré votre fortune, et pour vous écrire en redoutant ce mépris si souvent exprimé par les femmes pour un amour dont elles écoutent l'aveu comme une flatterie de plus parmi toutes celles qu'elles reçoivent ou pensent. Aussi faut-il s'élancer de toutes ses forces vers le bonheur, être attiré vers la vie de l'amour, comme l'est une plante vers la lumière, et avoir été bien malheureux, pour savoir vaincre les tortures, les angoisses de ces délibérations secrètes où la raison nous démontre de mille manières la stérilité des vœux cachés au fond du cœur, et où cependant l'espérance nous fait tout braver. J'étais si heureux de vous admirer en silence, j'étais si complètement abîmé dans la contemplation de votre belle âme, qu'en vous voyant, je n'imaginais rien au-delà. Non, je n'aurais pas encore osé vous parler, si je n'avais entendu annoncer votre départ. A quel supplice un seul mot m'a livré! Enfin mon chagrin m'a fait apprécier l'étendue de mon attachement pour vous : il est sans bornes. Mademoiselle, vous ne connaîtrez jamais, du moins je désire que jamais vous n'éprouviez la douleur causée par la crainte de perdre le seul bonheur qui soit éclos pour nous sur cette terre, le seul qui nous ait jeté quelque lueur dans l'obscurité de la misère. Hier, j'ai senti que ma vie n'était plus en moi, mais en vous. Il n'y a plus pour moi qu'une femme dans le monde, comme il n'y a plus qu'une seule pensée dans mon âme. Je n'ose même vous dire à quelle alternative me réduit l'amour que j'ai pour vous. Ne voulant vous devoir qu'à vous-même, je dois éviter de me présenter accompagné de tous les prestiges du malheur : ne sont-ils pas plus actifs que ceux de la fortune sur de nobles âmes? Je vous tairai donc bien des choses; car j'ai une idée trop belle de l'amour, pour le corrompre par des pensées étrangères à sa nature. Si mon âme est digne de la vôtre, si ma vie est pure, votre cœur en aura quelque généreux pressentiment, et vous me comprendrez! Il est dans la destinée de l'homme d'offrir, le premier, la fleur de ses vœux à celle qui le fait croire au bonheur; votre droit, d'éternelle mémoire, est de refuser même le sentiment le plus vrai, s'il ne s'accorde pas avec les voix confuses de votre cœur : je le sais. Mais si le sort que vous me ferez doit être contraire à mes espérances, Mademoiselle, j'invoque toutes les délicatesses de votre âme vierge, aussi-bien que l'ingénieuse pitié de la femme; oui, je vous en supplie à genoux, brûlez ma lettre, oubliez tout! Ne plaisantez pas d'un sentiment respectueux et trop profondément empreint dans l'âme pour pouvoir s'en effacer. Brisez mon cœur, mais ne le déchirez pas! Que l'expression de mon premier amour, d'un amour jeune et pur n'ait retenti que dans un cœur jeune et pur; qu'il y meure, comme une prière mentale va se perdre dans le sein de Dieu! Je vous dois de la reconnaissance. J'ai passé des heures délicieuses occupé à vous voir, m'abandonnant aux rêveries les plus douces de ma vie. Ne couronnez donc pas cette frêle et passagère félicité par quelque moquerie de jeune fille. Contentez-vous de ne pas me répondre, je saurai bien interpréter votre silence: vous ne me verrez plus. Si je dois être condamné à toujours comprendre le bonheur, et à le perdre toujours; si je suis, comme l'ange exilé, conservant le sentiment des délices célestes, mais sans cesse attaché dans un monde de douleur, eh bien! je garderai le secret de mon amour, comme celui de mes misères. Et... adieu... Oui, je vous confie à Dieu, que j'implorerai pour vous, à qui je demanderai de vous faire une belle vie; car je ne vous quitterai jamais, même chassé de votre cœur. Autrement, quelle valeur auraient les paroles saintes de cette lettre, ma première et ma dernière prière peut-être! Je mériterais toutes mes angoisses, si je cessais un jour de penser à vous, de vous aimer, heureux ou malheureux!

II.

Vous ne partez pas! Je suis donc aimé! moi, pauvre être obscur? Ma chère Pauline, vous ne connaissez pas toute la puissance du regard auquel je crois, et que vous m'avez jeté pour m'annoncer que j'avais été déjà choisi par vous, par vous jeune et belle, qui voyez tout à vos pieds. Pour vous faire comprendre mon bonheur, il faudrait vous raconter ma vie! Si vous m'eussiez repoussé, pour moi tout était fini. J'avais trop souffert! Oui, mon amour, ce bienfaisant et magnifique amour était un dernier effort vers la vie heureuse dont mon âme avait soif, une âme déjà brisée par des travaux inutiles, consumée par des craintes qui me font douter de moi, rongée par des désespoirs qui m'ont souvent persuadé de mourir. Non, personne dans le monde ne sait la terreur que ma fatale imagination me cause à moi-même. Elle m'élève souvent dans les cieux; puis, tout à coup, me laisse tomber à terre d'une hauteur prodigieuse. D'intimes élans de force, quelques rares et secrets témoignages d'une lucidité particulière me disent parfois que je puis beaucoup. Alors, j'enveloppe le monde par ma pensée, je le pétris, je le façonne, je le pénètre, je le comprends ou crois le comprendre; mais, soudain, je me réveille seul, me trouvant dans une nuit profonde, tout chétif, oubliant presque les lueurs que je viens d'entrevoir, privé de secours, et surtout sans un cœur où je puisse me réfugier! Ce malheur de ma vie morale agit également sur mon existence réelle. La nature de mon esprit m'y livre sans défense aux joies du bonheur comme aux affreuses clartés de la réflexion. Alors, voyant avec une même lucidité les obstacles et le succès, suivant ma croyance du moment, je suis heureux ou malheureux. Ainsi, lorsque je vous vis, j'eus le pressentiment d'une nature angélique; je respirai l'air favorable à ma brûlante poitrine; puis, j'entendis en moi cette voix qui ne trompe jamais, et qui m'avertissait d'une vie heureuse. Mais apercevant aussi toutes les barrières qui nous séparaient, devinant pour la première fois les préjugés du monde, et les comprenant alors dans toute l'étendue de leur petitesse, les obstacles m'effrayèrent encore plus que la vue du bonheur ne m'exaltait. Aussitôt, je ressentis cette réaction terrible par laquelle mon âme expansive est refoulée sur elle-même. Le sourire que vous aviez fait naître sur mes lèvres se changea tout à coup en contraction amère, et je tâchai de rester froid, pendant que mon sang bouillonnait, agité par mille sentimens contraires. Enfin, je reconnus cette sensation mordante à laquelle vingt-trois années pleines de soupirs réprimés et d'expansions trahies ne m'ont pas encore habitué. Eh bien, Pauline, le regard par lequel vous m'avez annoncé le bonheur a fait fondre toutes les glaces de ma vie, et vous a fait hériter de ces vingt-trois années si riches en félicités rêvées. Mon amour s'est trouvé grand tout à coup. Mon âme était un vaste pays auquel manquaient les bienfaits du soleil, et votre regard y a jeté soudain la lumière. Chère providence! vous serez tout pour moi, pauvre orphelin qui n'ai d'autre parent que mon oncle. Vous serez toute ma famille, comme vous êtes déjà ma seule richesse, et le monde entier pour moi. Ne m'avez-vous pas jeté toutes les fortunes de l'homme par ce chaste, par ce prodigue, par ce timide regard? Oui, vous m'avez donné une confiance, une audace incroyables. Je puis tout maintenant. J'étais revenu à Blois, découragé. Cinq ans d'études au milieu de Paris m'avaient montré le monde comme une prison. Je concevais des sciences entières et n'osais en parler. La gloire me semblait un charlatanisme auquel une âme vraiment grande ne devait pas se prêter. Mes idées ne pouvaient donc passer que sous la protection d'un homme assez hardi pour monter sur les tréteaux, et parler d'une voix haute aux niais qu'il méprise. Cette intrépidité me manquait. J'allais, brisé par les arrêts de cette foule, désespérant d'en être jamais écouté. J'étais trop bas et trop haut! Je dévorais mes pensées comme d'autres dévorent luers humiliations. J'en étais arrivé à mépriser la science, parce que je lui reprochais de ne rien ajouter au bonheur réel. Mais depuis hier, en moi tout est changé. Pour vous, je convoite les palmes de la gloire et tous les triomphes du talent! Je veux, en apportant ma tête sur vos genoux, y faire reposer tous les regards du monde, comme je veux mettre dans mon amour toutes les idées, tous les pouvoirs! La plus immense des renommées est un bien que nulle puissance ne peut créer... Eh bien! je puis, si je le veux, vous faire un lit de lauriers. Mais si les paisibles ovations de la science ne vous satisfaisaient pas, je porte en moi le glaive et la parole, je saurai courir dans la carrière des honneurs et de l'ambition, comme d'autres s'y traînent! Parlez, Pauline, je serai tout ce que vous voudrez que je sois. Ma volonté de fer peut tout. Je suis aimé! Armé de cette pensée, un homme ne doit-il pas faire tout plier devant lui. Tout est possible à celui qui veut tout. Soyez le prix du succès, et demain j'entre en lice. Pour obtenir un regard comme celui que vous m'avez jeté, je franchirais le plus profond des précipices. Vous m'avez expliqué les fabuleuses entreprises de la chevalerie, et les plus capricieux récits des Mille et une Nuits. Maintenant je crois aux plus fantasques exagérations de l'amour, et à la possibilité de tout ce que font les prisonniers pour avoir la liberté. Vous avez réveillé mille vertus endormies dans mon être : la patience, la résignation, toutes les forces du cœur, toutes les puissances de l'âme; je vis par vous, et, pensée délicieuse, pour vous. Maintenant tout a un sens, pour moi, dans cette vie. Je comprends même les vanités de la richesse. Je me surprends à verser toutes les perles de l'Inde à vos pieds ; je me plais à vous voir couchée, ou parmi les plus belles fleurs, ou sur le plus moelleux des tissus, instinct de l'oiseau pour son nid! Toutes les splendeurs de la terre me semblent à peine dignes de vous, en faveur de qui je voudrais pouvoir disposer des accords et des lumières que prodiguent les harpes et les étoiles dans les cieux. Pauvre studieux poète! je vous prodigue les trésors de la parole, et ne puis vous donner que mon cœur, où vous régnerez toujours : ce sont mes seuls biens. Mais n'est-ce donc pas un trésor que ma reconnaissance éternelle, mon sourire dont le bonheur variera les expressions, et l'attention constante de mon amour à deviner les vœux de votre âme fraternelle. Un regard céleste ne nous a-t-il pas dit que nous pourrions toujours nous entendre, toujours nous aimer. J'ai donc maintenant une prière à faire tous les soirs à Dieu, prière pleine de vous : — « Faites que ma Pauline soit heureuse!... » Mais ne remplissez-vous donc pas toutes mes heures, comme vous remplissez mon cœur! Adieu, vous que je confie à Dieu!

III.

Pauline? dis-moi si j'ai pu te déplaire en quelque chose, hier? Abjure cette fierté de cœur qui fait endurer secrètement les peines causées par un être aimé. Gronde-moi? Depuis hier, je ne sais quelle crainte vague de t'avoir offensée répand de la tristesse sur cette vie du cœur que tu m'as faite et si douce et si riche. Souvent, le plus léger voile qui s'interpose entre deux âmes devient un mur d'airain. Il n'y a pas de légers crimes en amour! Si vous avez tout le génie de ce beau sentiment, vous devez en ressentir toutes les souffrances. Mais, mon cher trésor, sans doute la faute vient de moi, s'il y a faute. Je n'ai pas l'orgueil de comprendre un cœur de femme dans toute l'étendue de sa tendresse, dans toute la grâce de ses dévouemens; seulement, je tâcherai de deviner toujours le prix de ce que tu voudras me révéler dans les secrets du tien. Parle-moi, réponds-moi promptement. La mélancolie dans laquelle nous jette le sentiment d'un tort est bien affreuse, elle enveloppe la vie et fait douter de tout. Je suis resté pendant cette matinée assis sur le bord du chemin creux, voyant les tourelles de Villenoix, et n'osant aller jusqu'à notre haie. Si tu savais tout ce que j'ai vu dans mon âme! quels tristes fantômes ont passé devant moi, sous ce ciel gris, dont le froid aspect augmentait encore mes sombres dispositions. J'ai eu de sinistres pressentimens. J'ai eu peur de ne pas te rendre heureuse. Il faut tout te dire, ma chère Pauline. Il y a des momens où l'esprit qui m'anime semble se retirer de moi. Je suis comme abandonné par ma force. Alors, tout me pèse, chaque fibre de mon corps devient inerte, chaque sens se détend, mon regard s'amollit, ma langue est glacée, l'imagination s'éteint, les désirs meurent, et ma forme humaine subsiste seule. Alors, tu serais là dans toute la gloire de ta beauté, tu me prodiguerais tes plus curieux sourires et tes plus tendres paroles, il y aurait une puissance mauvaise qui m'aveuglerait, et me traduirait en sons discords la plus ravissante des mélodies. Alors, du moins je le crois, se dresse devant moi je ne sais quel génie raisonneur qui me fait voir le néant au fond des plus certaines richesses. Ce démon impitoyable fauche toutes les fleurs, et ricane des sentimens les plus doux, en me disant : « Eh bien! après? » Il flétrit la plus belle œuvre en m'en montrant le principe. Je vois le mécanisme des choses et non leurs résultats harmonieux. En ces momens terribles où le mauvais ange s'empare de mon être, où la lumière divine s'obscurcit en mon âme sans que j'en sache la cause, je reste triste et je souffre, je voudrais être sourd et muet; je souhaite la mort, j'y vois un repos. Ces heures de doute et d'inquiétude sont peut-être nécessaires; elles m'apprennent du moins à ne pas avoir d'orgueil, après les élans qui m'ont porté dans les cieux où je moissonne les idées à pleines mains; car c'est toujours après avoir long-temps parcouru les vastes campagnes de l'intelligence, après des méditations lumineuses, que, lassé, fatigué, je tombe dans ces ténèbres. En ce moment, mon ange, une femme devrait douter de ma tendresse, elle le pourrait du moins. Souvent, elle, capricieuse, maladive ou triste, réclamera tous les trésors d'une tendresse ingénieuse, et je n'aurai pas un regard pour la consoler! J'ai la honte, Pauline, de t'avouer qu'alors je pourrais pleurer avec toi; mais rien ne m'arracherait un sourire. Et cependant, une femme trouve dans son amour la force de taire ses douleurs ! Elle sait, pour son enfant comme pour celui qu'elle aime, rire en souffrant. Pour toi, Pauline, ne pourrai-je donc imiter la femme dans ses sublimes délicatesses? Depuis hier je doute de moi-même. Si j'ai pu te déplaire une fois, si je ne t'ai pas comprise, je tremble d'être emporté souvent ainsi par mon fatal démon hors de notre bonne sphère. Si j'avais beaucoup de ces momens affreux, si mon amour sans bornes ne savait pas racheter les heures mauvaises de ma vie, si j'étais destiné à demeurer tel que je suis. Fatales questions ! La puissance est un bien fatal présent, si toutefois ce que je sens en moi est la puissance. Pauline, éloigne-toi de moi, abandonnemoi, je préfère souffrir tous les maux de la vie à la douleur de te savoir malheureuse par moi. Mais peut-être le démon n'a-t-il pris autant d'empire sur mon âme que parce qu'il ne s'est point encore trouvé près de moi de mains douces et blanches pour le chasser. Jamais une femme ne m'a versé le baume de ses consolations, et j'ignore si, lorsqu'en ces momens de lassitude, l'amour agitera ses ailes au-dessus de ma tête, il ne répandra pas dans mon cœur de nouvelles forces. Peut-être, ces cruelles mélancolies sont-elles un fruit de ma solitude, une des souffrances de l'âme abandonnée qui gémit et paie ses trésors inconnus par des douleurs inconnues. Aux légers plaisirs, les légères souffrances; aux immenses bonheurs, des maux inouïs.... Quel arrêt!... S'il est vrai ne devons-nous pas frissonner pour nous, qui sommes si heureux. Si la nature nous vend les choses selon leur valeur, dans quel abîme allons-nous donc tomber? Ah ! les amans les plus richement partagés sont ceux qui meurent ensemble au milieu des trésors de leur jeunesse et de leur amour! Quelle tristesse! Mon âme pressent-elle un méchant avenir? Je m'examine. Je me demande s'il y a quelque chose en moi qui doive t'apporter le plus léger souci? Je t'aime peut-être en égoïste? Je mettrai peut-être sur ta chère tête d'amour un fardeau plus pesant que ma tendresse ne sera douce à ton cœur..... S'il y a en moi une puissance inexorable à laquelle j'obéis; si je dois maudire quand tu joindras les mains pour prier, si quelque triste pensée me domine lorsque je voudrai me mettre à tes pieds pour jouer avec toi comme un enfant? Ne seras-tu pas jalouse de cet exigeant et fantasque génie. Comprends-tu bien, cœur à moi, que j'ai peur de n'être pas tout à toi, que j'abdiquerais volontiers tous les sceptres, toutes les palmes du monde pour faire de toi mon éternelle pensée; pour voir, dans notre délicieux amour, une belle vie et un beau poëme; pour y jeter toute mon âme, y engloutir toutes mes forces, et demander à chaque heure les joies qu'elle nous doit. Mais voilà que reviennent en foule mes souvenirs d'amour, les nuages de ma tristesse vont se dissiper. Adieu. Je te quitte pour être mieux à toi. Mon âme chérie, j'attends un mot, une parole qui me rende la paix du cœur. Que je sache si j'ai contristé ma Pauline, ou si j'ai été trompé par une douteuse expression de ton visage? Je ne voudrais pas avoir à me reprocher, même après toute une une vie heureuse, d'être venu vers toi sans un sourire plein d'amour, sans une parole de miel. Affliger la femme que l'on aime!..... Pour moi, Pauline, c'est un crime! Dis-moi la vérité, ne me fais pas quelque généreux mensonge, mais désarme ton pardon de toute cruauté!...

FRAGMENT.

Un attachement si complet est-il un bonheur? Oui! des années de souffrance ne paieraient pas une heure d'amour.

Hier, ton apparente tristesse a passé dans mon âme avec la rapidité d'une ombre qui se projette. Étais-tu triste ou souffrais-tu ? J'ai souffert ! D'où venait ce chagrin ? Écris-moi vite. Pourquoi ne l'ai-je pas deviné ? Nous ne sommes donc pas encore complètement unis par la pensée ? Je devrais, à deux lieues de toi comme à mille, ressentir tes peines et tes douleurs !... Je ne croirai pas t'aimer, tant que ma vie ne sera pas assez intimement liée à la tienne pour que nous ayons la même vie, le même cœur, la même idée... Je dois être où tu es, voir ce que tu vois, ressentir ce que tu ressens, et te suivre par la pensée. N'ai-je pas déjà su, le premier, que ta voiture avait versé, que tu étais blessée ?... Mais aussi ce jour-là, je ne t'avais pas quittée, je te voyais ; et, quand mon oncle m'a demandé pourquoi je pâlissais, je lui ai dit : « Mademoiselle de Villenoix vient de tomber... » Pourquoi donc n'ai-je pas lu dans ton âme, hier?... Est-ce que tu voulais me cacher la cause de ce chagrin? Cependant j'ai cru deviner que tu avais fait en ma faveur quelques efforts malheureux auprès du redoutable M. Salomon, qui me glace. Cet homme n'est pas de notre ciel. Pourquoi veux-tu que notre bonheur, qui ne ressemble en rien à celui des autres, se conforme aux lois du monde!... Mais j'aime trop tes mille pudeurs, ta religion, tes superstitions, pour ne pas obéir à tes moindres caprices. Ce que tu fais, doit être bien, car rien n'est plus pur que ta pensée, comme rien n'est plus beau que ton visage où se réfléchit ton âme divine. J'attendrai ta lettre avant d'aller par les chemins chercher le doux moment que tu m'accordes. Ah! si tu savais comme l'aspect des tourelles me fait palpiter, quand enfin, je les vois bordées de lueur par la lune, notre amie, notre seule confidente!

IV.

Adieu la gloire, adieu l'avenir, adieu la vie que je rêvais! Maintenant, ma toute aimée, ma gloire est d'être à toi, digne de toi; mon avenir est tout entier dans l'espérance de te voir; et, ma vie... c'est de rester à tes pieds, de me coucher sous tes regards, de respirer en plein dans les cieux que tu m'as créés. Toutes mes forces, toutes mes pensées, doivent t'appartenir, à toi qui m'as dit ces enivrantes paroles : « Je veux tes peines ! » Ne serait-ce pas dérober des joies à l'amour, des momens au bonheur, des sentimens à ton âme divine, que de donner des heures à l'étude, des idées au monde, des poésies aux poètes ? Non, non, chère vie à moi, je te veux tout réserver ; je veux t'apporter toutes les fleurs de mon âme. Y a-t-il rien d'assez beau, d'assez splendide dans les trésors de la terre et de l'intelligence, pour fêter un cœur aussi riche, un cœur aussi pur que le tien, et auquel j'ose allier le mien, parfois ? Oui, parfois, j'ai l'orgueil de croire que je sais aimer autant que tu aimes ! Mais non, tu es un *ange-femme*, et il y aura toujours plus de charme dans l'expression de tes sentimens, plus de parfum dans ton souffle, plus d'harmonie dans ta voix, plus de grâce dans tes sourires, plus de pureté dans tes regards que dans les miens! Oui, laisse-moi penser que tu es une création d'une sphère plus élevée que ne l'est la mienne.... Tu auras l'orgueil d'en être descendue, et moi celui de t'avoir méritée. Et tu ne seras peut-être pas déchue en venant à moi, pauvre et malheureux; car si le plus bel asile d'une femme est un cœur tout à elle, tu seras toujours souveraine dans le mien : aucune pensée, aucune action ne ternira jamais ce cœur, riche sanctuaire, tant que tu voudras y résider; mais n'y demeureras-tu pas sans cesse? Ne m'as-tu pas dit ce mot délicieux : *Maintenant et toujours!* ET NUNC ET SEMPER! J'ai gravé sous ton portrait ces paroles évangéliques, dignes de toi, comme elles sont dignes de Dieu : il est, *et maintenant et toujours*, comme sera mon amour ! Non, non, je n'épuiserai jamais ce qui est immense, infini, sans bornes ; et tel est le sentiment que je sens en moi pour toi. J'en ai deviné l'incommensurable étendue, comme nous devinons l'espace, par la mesure d'une de ses parties ! Ainsi, j'ai eu des jouissances ineffables, des heures entières pleines de méditations chatouilleuses en me rappelant un seul de tes gestes, ou l'accent d'une phrase... Il y aura donc des souvenirs sous le poids desquels il faudra succomber, si déjà la souvenance d'une heure douce et familière me fait pleurer de joie, attendrit, pénètre mon âme, et devient une intarissable source de bonheur. Aimer, c'est la vie de l'ange!... Il me semble que je n'épuiserai jamais le plaisir que j'éprouve à te voir. Ce plaisir, le plus modeste de tous, mais auquel le temps manque toujours, m'a fait comprendre les éternelles contemplations dans lesquelles restent les Séraphins et les Esprits devant Dieu : rien n'est plus naturel, s'il émane de son essence une lumière aussi fertile en sentimens nouveaux que l'est celle de tes yeux, de ton front imposant, de ta belle physionomie, céleste image de ton âme, l'âme, cet autre nous-mêmes dont la forme pure ne périssant jamais rend alors notre amour immortel. Je voudrais qu'il y eût un langage autre que celui dont je me sers, pour t'exprimer les renaissantes délices de mon amour; il y en a bien un, il n'est qu'à nous : c'est la vivante parole de nos regards. Mais il faut nous voir pour entendre par les yeux ces interrogations et ces réponses du cœur, si vives, si pénétrantes que tu m'as dit un soir : — « Taisez-vous ! » quand je ne parlais pas. T'en souviens-tu, ma chère vie ?... Mais de loin, quand je suis dans les ténèbres de l'absence, il faut bien employer des mots humains pour rendre des sensations divines : les mots accusent au moins les sillons qu'elles tracent dans mon âme, comme Dieu résume imparfaitement toutes les idées que nous avons de ce mystérieux principe. Encore, malgré la science du langage, n'ai-je jamais rien trouvé dans l'infini de ses expressions qui pût te peindre la délicieuse étreinte par laquelle ma vie se fond dans la tienne quand je pense à toi. Puis, par quel mot finir, lorsque je cesse de t'écrire sans pour cela te quitter? Que signifie adieu, à moins de mourir. Mais la mort serait-elle un adieu? Alors mon âme ne se réunirait-elle pas plus intimement à la tienne? O mon éternelle pensée! naguère je t'offris à genoux mon cœur et ma vie; maintenant.... quelles nouvelles fleurs de sentiment trouverai-je en mon âme, à t'envoyer? Ne serait-ce pas te donner une parcelle du bien que tu possèdes? N'es-tu pas mon avenir? Combien je regrette le passé! ces années qui ne nous appartiennent plus, je voudrais te les confier toutes, et t'y faire régner comme tu règnes sur ma vie. Mais qu'est-ce qu'un temps de mon existence où je ne te connaissais pas?... Ce serait le néant, si je n'avais pas été si malheureux.

FRAGMENT.

Ange aimé, quelle douce soirée que celle d'hier! Que de richesses dans ton cher cœur! ton amour est donc inépuisable, comme le mien! Chaque mot m'apportait de nouvelles joies, et chaque regard en étendait la profondeur. L'expression calme de ta physionomie donnait un horizon sans bornes à nos pensées! oui, tout était alors infini comme le ciel, et doux comme son azur. La délicatesse de tes traits adorés se reproduisait, je ne sais par quelle magie, dans tes gentils mouvemens, dans tes gestes menus. Je savais bien que tu étais toute grâce et tout amour, mais j'ignorais combien tu étais gracieuse. Tout s'accordait à me conseiller ces voluptueuses sollicitations, à me faire demander ces premières grâces qu'une femme refuse toujours sans doute, pour se les laisser ravir. Mais non, toi, chère âme de ma vie, tu ne sauras jamais d'avance ce que tu pourras accorder à mon amour, et tu te donneras sans le vouloir peut-être; car tu es vraie, et n'obéis qu'à ton cœur. Comme la douceur de ta voix s'alliait aux tendres harmonies de l'air pur et des cieux tranquilles! Pas un cri d'oiseau, pas une brise : la solitude et nous! Les feuillages immobiles ne tremblaient même pas dans ces admirables couleurs du couchant qui sont tout à la fois ombre et lumière. Tu as senti ces poésies célestes, toi qui unissais tant de sentimens divers, et reportais si souvent tes yeux vers le ciel pour ne pas me répondre! Toi, fière et rieuse, humble et despotique, te donnant tout entière en âme, en pensée, et te dérobant à la plus timide des caresses! Chères coquetteries du cœur! elles vibrent toujours dans mon oreille, elles s'y roulent et s'y jouent encore, ces délicieuses paroles, à demi bégayées comme celle des enfans, et qui n'étaient ni des promesses, ni des aveux, mais qui laissaient à l'amour ses belles espérances, sans craintes et sans tourmens! Quel chaste souvenir dans la vie! Quel épanouissement de toutes les fleurs qui naissent au fond de l'âme, et qu'un rien peut flétrir, mais qu'alors tout animait et fécondait! Ce sera toujours ainsi, n'est-ce pas, mon aimée?... En me rappelant, au matin, les vives et fraîches douceurs dont ce moment a été la source, je me sens dans l'âme un bonheur qui me fait concevoir le véritable amour comme un océan de sensations éternelles et toujours neuves où l'on se plonge avec de croissantes délices : chaque jour, chaque parole, chaque caresse, chaque regard doit y ajouter le tribut de sa joie écoulée.... Oui, les cœurs assez grands pour ne rien oublier doivent vivre, à chaque battement, de toutes leurs félicités passées, comme de toutes celles que promet l'avenir. Voilà ce que je rêvais autrefois, et ce n'est plus un rêve aujourd'hui! N'ai-je pas rencontré sur cette terre un ange qui m'en a fait connaître toutes les joies pour me récompenser peut-être d'en avoir supporté toutes les douleurs !.... Ange du ciel, je te salue par un baiser.

Je t'envoie cette hymne échappée à mon cœur, je te la devais; mais elle te peindra difficilement ma reconnaissance et ces prières matinales que mon cœur adresse chaque jour à celle qui m'a dit tout l'évangile du cœur dans ce mot divin : — CROYEZ!...

V.

COMMENT, cœur chéri, plus d'obstacles!... Nous serons libres d'être l'un à l'autre, chaque jour, à chaque heure, chaque moment, toujours... Nous pourrons rester, pendant toutes les journées de notre vie, heureux comme nous le sommes furtivement en de rares instans!... Quoi! nos sentimens si purs, si profonds, prendront les formes délicieuses des mille caresses que j'ai rêvées! Ton petit pied se déchaussera pour moi! Tu seras toute à moi! Ce bonheur me tue, il m'accable. Ma tête est trop faible, elle éclate sous la violence de mes pensées. Je pleure et je ris; j'extravague. Chaque plaisir est comme une flèche ardente, il me perce, et son feu me brûle! Mon imagination te fait passer devant mes yeux ravis, éblouis, sous les innombrables et capricieuses figures qu'affecte la volupté.... Enfin, toute notre vie est là, devant moi, avec ses torrens, ses repos, ses joies; elle bouillonne, elle s'étale, elle dort; puis se réveille jeune, fraîche. Je nous vois tous deux unis, marchant du même pas, vivant de la même pensée; toujours au cœur l'un de l'autre, nous comprenant, nous entendant comme l'écho reçoit et redit les sons à travers les espaces... Peut-on vivre long-temps en dévorant ainsi sa vie à toute heure? Ne mourrons-nous pas dans le premier embrassement? Et que sera-ce donc, si déjà nos âmes se confondaient dans ce doux baiser du soir, qui nous enlevait nos forces; ce baiser sans durée, dénouement de tous mes désirs, interprète impuissant de tant de prières échappées à mon âme pendant nos heures de séparation, et cachées au fond de mon cœur comme des remords. Moi qui revenais me coucher dans la haie pour entendre le bruit de tes pas quand tu retournais au château, je vais donc pouvoir t'admirer à mon aise, agissant, riant, jouant, causant, allant!... Joies sans fin! Tu ne sais pas tout ce que je sens de jouissances à te voir marcher, aller et venir! Il faut être homme pour éprouver ces sensations profondes. Chacun de tes mouvemens me donne plus de plaisir que ne peut en prendre une mère à voir son enfant joyeux ou endormi. Je t'aime de tous les amours ensemble. La grâce de ton moindre geste est toujours nouvelle pour moi... Il me semble que je passerais les nuits à respirer ton souffle, je voudrais me glisser dans tous les actes de ta vie, être la substance même de tes pensées, je voudrais être toi-même. Enfin, je ne te quitterai donc plus... Aucun sentiment humain ne troublera plus notre amour, infini dans ses transformations et pur comme tout ce qui est un; notre amour vaste comme la mer, vaste comme le ciel!... Tu es à moi!... toute à moi!... Je pourrai donc regarder au fond de tes yeux pour y deviner la chère âme qui s'y cache, pour y épier tes désirs! Écoute, ma bien aimée, certaines choses que je n'osais te dire encore, mais que je puis t'avouer aujourd'hui. Je sentais en moi je ne sais quelle pudeur d'âme qui s'opposait à l'entière expression de mes sentimens, et je tâchais de les revêtir des formes de la pensée. Mais maintenant je voudrais mettre mon cœur à nu, te dire toute l'ardeur de mes rêves, te révéler la chaude ambition de mes sens irrités par la solitude où j'ai vécu, toujours enflammés par l'attente du bonheur, et réveillés par toi, par toi si douce de formes, si attrayante en tes manières! Mais est-il possible d'exprimer combien je suis altéré de ces félicités inconnues que donne la possession d'une femme aimée, et auxquelles deux âmes bien étroitement unies par l'amour, doivent prêter une force de cohésion effrénée. Sache, ma Pauline, que je suis resté pendant des heures entières dans une stupeur causée par la violence même de mes souhaits passionnés, restant perdu dans le sentiment d'une caresse comme dans un gouffre sans fond. En ces momens, ma vie entière, toutes mes pensées, toutes mes forces se fondent, s'unissent dans ce que je nomme un désir, faute de mots pour exprimer un délire sans nom... Et maintenant, je puis t'avouer que le jour où j'ai refusé la main que tu me tendais par un si joli mouvement, triste sagesse qui t'a fait douter de mon amour, j'étais dans un de ces momens de folie où l'on médite un meurtre pour posséder une femme!... Oui, si j'avais senti la délicieuse pression que tu m'offrais, aussi vivement que ta voix retentissait dans mon cœur, je ne sais où m'aurait conduit la violence de mes désirs. Mais je puis me taire et souffrir beaucoup! Pourquoi parler de ces douleurs quand mes contemplations vont devenir des réalités. Il me sera donc maintenant permis de faire de toute notre vie une seule caresse! Chérie aimée, il y a tel effet de lumière sur tes cheveux noirs qui me ferait rester, les larmes dans les yeux, pendant de longues heures occupé à voir ta chère personne, si tu ne me disais pas en te retournant : « Finis, tu me rends honteuse! » Demain, notre amour se saura donc! Ah! Pauline! ces regards des autres à supporter, cette curiosité publique me serre le cœur. Allons à Villenoix, restons-y loin de tout. Je voudrais qu'aucune créature ayant face humaine n'entrât dans le sanctuaire où tu seras à moi. Je voudrais même qu'après nous il n'existât plus, qu'il fût détruit; car je voudrais dérober à la nature entière un bonheur que nous sommes seuls à comprendre, à sentir, et qui est tellement immense que je m'y jette pour y mourir : c'est un abîme. Ne t'effraie pas des larmes dont cette lettre est pleine, ce sont des larmes de joie. Mon seul bonheur, nous ne nous quitterons donc plus.

En 1822, j'allais de Paris en Touraine par la diligence. A Mer, le conducteur prit un voyageur pour Blois.

En le faisant entrer dans la partie de la voiture où je me trouvais, il lui dit en plaisantant :

— Vous ne serez pas gêné là, monsieur Lefebvre !

En effet, j'étais seul. A ce nom, et en voyant un vieillard à cheveux blancs, qui paraissait au moins octogénaire, je pensai tout naturellement à l'oncle de Lambert. Après quelques questions insidieuses, j'appris que je ne me trompais pas. Le bonhomme venait de faire ses vendanges à Mer, et retournait à Blois. Aussitôt je lui demandai des nouvelles de mon ancien *faisant;* mais au premier mot, la physionomie du vieil oratorien, déjà grave et sévère comme celle d'un soldat qui aurait beaucoup souffert, devint triste et brune; les rides de son front se contractèrent légèrement; il serra ses lèvres, me jeta un regard équivoque, et me dit :

— Vous ne l'avez pas revu depuis le collége?

— Non, ma foi, répondis-je; mais nous sommes aussi coupables l'un que l'autre, s'il y a oubli; car, vous le savez, les jeunes gens mènent une vie si aventureuse et si passionnée en quittant les bancs de l'école, qu'il faut se retrouver pour savoir combien l'on s'aime encore. Cependant, parfois, un souvenir de jeunesse arrive et il est impossible de s'oublier tout-à-fait, surtout lorsqu'on a été aussi amis que nous l'étions Lambert et moi, *le Poète-et-Pythagore!...* Je lui dis mon nom; mais en l'entendant, sa figure se rembrunit encore.

— Vous ne connaissez donc pas son histoire! reprit-il. Mon pauvre neveu devait épouser la plus riche héritière de Blois, mais, la veille de son mariage, il est devenu fou.

— Lambert, fou! m'écriai-je frappé de stupeur. Et par quel événement? C'était la plus riche mémoire, la tête la plus fortement organisée, le jugement le plus sagace que j'aie rencontrés! Beau génie, frappé pour ainsi dire dans la logique, un peu trop passionné peut-être pour la mysticité; mais le meilleur cœur du monde! Il lui est donc arrivé quelque chose de bien extraordinaire?

— Je vois que vous l'avez bien connu! me dit le bonhomme.

Alors depuis Mer jusqu'à Blois, nous parlâmes de mon pauvre camarade, en faisant de longues digressions par lesquelles je m'instruisis des particularités que j'ai déjà rapportées pour donner aux faits un ordre logique. J'appris à son oncle le secret de nos études, la nature des occupations de son neveu; et le vieillard me raconta les événemens survenus dans la vie de Lambert depuis que je l'avais quitté.

A entendre M. Lefebvre, Louis Lambert aurait donné quelques marques de folie avant son mariage. Mais ces symptômes lui étant communs avec tous ceux qui aiment passionnément, ils me parurent moins caractéristiques lorsque je connus et la violence de son amour et mademoiselle de Villenoix. En province, où les idées se raréfient, un homme plein de pensées neuves et dominé par un système comme l'était Louis, pouvait passer au moins pour un original; et, son langage devait surprendre d'autant plus qu'il parlait plus rarement. Il disait : *Cet homme n'est pas de mon ciel*, là où les autres disaient : *Nous ne mangerons pas un minot de sel ensemble.* Chaque homme de talent a ses idiotismes particuliers ; et, plus large est le génie, plus tranchées sont les bizarreries qui constituent les divers degrés d'*originalité.* Or, en province, un original passe pour un homme à moitié fou.

Les premières paroles de M. Lefebvre me firent donc douter de la folie de mon camarade ; et tout en écoutant le vieillard, j'en critiquais intérieurement le récit.

Le fait le plus grave était survenu quelques jours avant le mariage des deux amans. Louis avait eu un accès bien caractérisé de catalepsie. Il était resté pendant cinquante-neuf heures immobile, les yeux fixes, sans manger ni parler; état purement nerveux dans lequel tombent quelques personnes en proie à une violente passion; phénomène rare, mais dont les médecins connaissent parfaitement les effets. S'il y avait quelque chose d'extraordinaire, c'est que Louis n'eût eu qu'un seul accès de cette maladie, vers laquelle il était porté par sa constitution tout extatique, et par la nature de ses idées.

Jadis, nous avions qualifié d'admirable ce phénomène humain dans lequel Lambert voyait la séparation fortuite de deux natures, et les symptômes d'une absence complète de l'être intérieur usant de ses facultés inconnues sous l'empire d'une cause inconnue. Cette maladie, abîme tout aussi profond que le sommeil, se rattachait au système de preuves que Lambert avait données dans son *Traité de la Volonté.* Au moment où M. Lefebvre me parla du premier accès de Louis, je me souvins tout à coup d'une conversation que nous eûmes à ce sujet, après la lecture d'un livre de médecine.

— Une méditation profonde et une belle extase sont peut-être, me dit-il en terminant, des catalepsies incomplètes.

Le jour où il formula si brièvement cette pensée, il avait tâché de lier les phénomènes moraux entre eux, par une chaîne d'effets, en suivant pas à pas tous les actes de l'intelligence, commençant par les simples mouvemens de l'instinct purement animal qui suffit à tant d'êtres, surtout à certains hommes dont les forces passent toutes dans un travail purement mécanique; puis, allant à l'agrégation des pensées, arrivant à la comparaison, à la réflexion, à la méditation, enfin à l'extase et à la catalepsie. Certes, Lambert crut avec la naïve conscience du jeune âge avoir fait le plan d'un beau livre en échelonnant ainsi ces divers degrés des puissances intérieures de l'homme.

Je me rappelle que, par une de ces fatalités qui font croire à la prédestination, nous attrapâmes le grand *Martyrologe*, où sont contenus les faits les plus curieux sur l'abolition complète de la vie corporelle à laquelle l'homme peut arriver dans les paroxismes de ses facultés intérieures. Alors Lambert, en réfléchissant aux effets du fanatisme, fut conduit à penser que les collections d'idées auxquelles nous donnons le nom de *sentiment*, pouvaient bien être le jet matériel de quelque fluide puissant. Nous nous passionnâmes pour la catalepsie, et, avec l'ardeur que les enfans mettent dans leurs entreprises, nous essayâmes de supporter la douleur *en pensant à autre chose*. Nous nous fatiguâmes beaucoup à faire quelques expériences assez analogues à celles dues au fanatisme des convulsionnaires dans le siècle dernier. Je montais sur l'estomac de Lambert, et m'y tenais plusieurs minutes sans lui causer la plus légère douleur; mais nous n'eûmes aucun accès de catalepsie.

Cette digression m'a paru nécessaire pour expliquer mes premiers doutes sur la folie de Lambert, doutes que M. Lefebvre dissipa complètement.

— Lorsque son accès fut passé, me dit-il, mon neveu tomba dans une terreur profonde, dans une mélancolie dont rien ne put le sortir. Il se crut impuissant. Je me mis à le surveiller avec l'attention d'une mère pour son enfant, et le surpris heureusement, au moment où il allait pratiquer sur lui-même l'opération à laquelle Origène crut devoir son talent. Alors je l'emmenai promptement à Paris pour le confier aux soins de M. Esquirol. Pendant le voyage, Louis resta plongé dans une somnolence presque continuelle, et ne me reconnut plus. A Paris, les médecins le regardèrent comme incurable, et conseillèrent unanimement de le laisser dans la plus profonde solitude, en évitant de troubler le silence nécessaire à sa guérison improbable, et de le mettre dans une salle fraîche, où le jour serait constamment adouci.

— Mademoiselle de Villenoix, à qui j'avais caché l'état de Louis, reprit-il en clignant les yeux, mais dont le mariage passait pour rompu, vint à Paris, et apprit la décision des médecins. Aussitôt elle désira voir mon neveu, qui la reconnut à peine; puis, elle voulut, d'après la logique des belles âmes, se consacrer à lui donner les soins nécessaires à sa guérison. Elle y aurait été obligée, disait-elle, s'il eût été son mari, devait-elle faire moins pour son amant? Aussi a-t-elle emmené Louis à Villenoix, où ils demeurent depuis deux ans.

Au lieu de continuer mon voyage, je m'arrêtai à Blois dans le dessein d'aller voir Louis. Le bonhomme Lefebvre ne me permit pas de descendre ailleurs que dans sa maison, où il me montra la chambre de son neveu, les livres et tous les objets qui lui avaient appartenu. A chaque chose, il échappait au vieillard une exclamation douloureuse par laquelle il accusait les grandes espérances que le génie précoce de Lambert lui avait fait concevoir, et le deuil affreux où le plongeait cette perte irréparable.

— Un jeune homme qui savait tout, mon cher monsieur !.. dit-il en posant sur une table le volume où sont contenues les œuvres de Spinosa. Comment une tête aussi bien organisée a-t-elle pu se détraquer ?...

— Hélas! monsieur, lui répondis-je, ne serait-ce pas un effet de sa vigoureuse organisation ? S'il est réellement en proie à cette crise, encore inobservée dans tous ses modes, et que nous appelons *folie*, je suis tenté d'en attribuer la cause à sa passion. Ses études, son genre de vie avaient porté ses forces et ses facultés à un degré de puissance au-delà duquel la plus légère surexcitation devait faire céder la nature. L'amour les aura donc brisées ou élevées à une nouvelle expression que peut-être calomnions-nous en la qualifiant sans la connaître...

— Mon cher monsieur, répliqua le vieillard après m'avoir attentivement écouté, votre raisonnement est sans doute fort logique; mais je ne comprends pas comment Louis s'est affaibli par trop de force. Et quand je le comprendrais, ce triste savoir me consolerait-il de sa perte!

L'oncle de Lambert était un de ces

hommes qui ne vivent que par le cœur.

Le lendemain je partis pour Villenoix, et le bonhomme m'accompagna jusqu'à la porte de Blois; mais, quand nous fûmes dans le chemin qui mène à Villenoix, il s'arrêta pour me dire :

— Vous pensez bien que je n'y vais point. Mais, vous, n'oubliez pas ce que je vous ai dit; et, devant mademoiselle de Villenoix, n'ayez pas l'air de vous apercevoir que Louis est fou.

Puis, restant à la place où je venais de le quitter, il me regarda jusqu'à ce qu'il m'eût perdu de vue.

Ce ne fut pas sans de profondes émotions que je cheminai vers le château de Villenoix. Mes réflexions croissaient à chaque pas dans ce chemin que Louis avait fait tant de fois, le cœur plein d'espérance, l'âme exaltée par tous les aiguillons de l'amour. Les buissons, les arbres, les caprices de cette route tortueuse dont les bords étaient déchirés par de petits ravins, acquirent un intérêt prodigieux pour moi. J'y voulais retrouver les impressions et les pensées de mon pauvre camarade. Sans doute ses conversations du soir, au bord de cette brèche où sa maîtresse venait le retrouver, avaient initié mademoiselle de Villenoix à tous les secrets de cette âme et si noble et si vaste, comme je le fus moi-même quelques années auparavant. Mais le fait qui me préoccupait le plus, et donnait à mon pèlerinage un immense intérêt de curiosité, parmi les sentimens presque religieux qui me guidaient, était cette magnifique croyance de mademoiselle de Villenoix dont le bonhomme m'avait parlé.

Avait-elle, à la longue, contracté la folie de son amant, ou était-elle entrée si avant dans son âme, qu'elle en pût comprendre les pensées même confuses? Je me perdais dans cet admirable problème de sentiment qui dépassait les plus belles inspirations de l'amour et ses dévouemens les plus beaux. Mourir l'un pour l'autre est un sacrifice presque vulgaire. Vivre fidèle à un seul amour est un héroïsme qui a rendu mademoiselle Dupuis immortelle; et lorsque Napoléon-le-Grand et lord Byron ont eu des successeurs là où ils avaient aimé, il est permis d'admirer cette veuve de Bolingbroke; mais mademoiselle Dupuis pouvait vivre par les souvenirs de plusieurs années de bonheur, tandis que mademoiselle de Villenoix n'ayant connu de l'amour que ses premières émotions, m'offrait le type du dévouement dans sa plus large expression. Folle, elle était sublime; mais comprenant, expliquant la folie, elle ajoutait à toutes les beautés du cœur, un chef-d'œuvre de physiologie digne d'être étudié.

Lorsque j'aperçus les hautes tourelles du château, dont l'aspect avait dû faire si souvent tressaillir le pauvre Lambert, mon cœur palpita vivement, car je m'étais associé, pour ainsi dire, à sa vie et à sa situation en me rappelant tous les événemens de notre jeunesse.

Enfin, j'arrivai dans une grande cour déserte, et pénétrai jusque dans le vestibule du château sans avoir rencontré personne. Cependant, le bruit de mes pas fit venir une femme âgée, à laquelle je remis la lettre que M. Lefebvre avait écrite à mademoiselle de Villenoix.

Bientôt la même femme revint me chercher, et m'introduisit dans une salle basse, dallée en marbre blanc et noir, dont les persiennes étaient fermées, et au fond de laquelle je vis, mais indistinctement, Louis Lambert.

— Asseyez-vous, monsieur, me dit une voix douce qui allait au cœur.

Mademoiselle de Villenoix se trouvait à côté de moi sans que je l'eusse aperçue, et m'avait apporté une chaise sans bruit. L'obscurité était si grande, que, dans le premier moment, mademoiselle de Villenoix et Louis me firent l'effet de deux masses noires qui tranchaient sur le fond de cette atmosphère ténébreuse. Je m'assis, en proie à ce sentiment qui nous saisit presque malgré nous sous les sombres arcades d'une église. Mes yeux, encore frappés par l'éclat du soleil, ne s'accoutumèrent que graduellement à cette nuit factice.

—Monsieur, lui dit-elle, est ton ami de collége?...

Lambert ne répondit pas.

Enfin je pus le voir, et il m'offrit un de ces spectacles qui se gravent à jamais dans la mémoire.

Il était debout, et tenait ses deux coudes appuyés sur la saillie formée par la boiserie, en sorte que son buste paraissait fléchir sous le poids de sa tête inclinée sur sa poitrine. Ses cheveux, aussi longs que ceux d'une femme, tombaient sur ses épaules, et entouraient sa figure de manière à lui donner de la ressemblance avec les bustes qui représentent les grands hommes du siècle de Louis XIV. Son visage était d'une blancheur parfaite. Il frottait habituellement une de ses jambes sur l'autre par un mouvement machinal que rien n'avait pu réprimer, et ce frottement continuel produisait un bruit affreux dont j'eus horreur de me rendre compte.

Auprès de lui se trouvait un sommier de mousse posé sur une planche.

— Il lui arrive très-rarement de se coucher, me dit mademoiselle de Villenoix, quoique chaque fois il dorme pendant plusieurs jours.

Il se tenait debout comme je le voyais, jour et nuit, les yeux fixes et sans jamais baisser et relever les paupières, comme nous en avons tous l'habitude.

Après avoir demandé à mademoiselle de Villenoix si un peu plus de jour ne causerait aucune douleur à Lambert; sur sa réponse, j'ouvris légèrement la persienne, et pus voir alors l'expression de la physionomie de mon ami. Hélas! déjà ridé, déjà vieux, déjà blanchi, enfin déjà plus de lumière dans ses yeux, vitreux comme ceux d'un aveugle. Tous ses traits semblaient tirés par une convulsion vers le haut de sa tête. J'essayai de lui parler à plusieurs reprises; mais il ne m'entendit pas. C'était un débris arraché à la tombe, une espèce de conquête faite par la vie sur la mort, ou par la mort sur la vie.

Il y avait une heure environ que j'étais là, plongé dans une indéfinissable rêverie, en proie à mille idées affligeantes, écoutant mademoiselle de Villenoix, qui me racontait, dans tous ses détails, cette vie d'enfant au berceau; lorsque tout à coup, Louis, cessant de frotter ses jambes l'une contre l'autre, dit d'une voix lente :

— Les anges sont blancs !...

Je ne puis expliquer l'effet produit sur moi par cette parole, par le son de cette voix tant aimée, dont j'avais si péniblement attendu les accens. Mes yeux se remplirent de larmes malgré moi. Je ne sais quel pressentiment involontaire passa rapidement dans mon âme et me fit douter que Louis eût perdu la raison. J'étais cependant bien sûr qu'il ne me voyait ni ne m'entendait; mais les harmonies de sa voix qui semblaient accuser un bonheur divin, communiquèrent à cette phrase d'irrésistibles pouvoirs. C'était la révélation d'un monde inconnu qui tonna dans nos âmes comme quelque magnifique sonnerie d'église au milieu d'une nuit profonde.....

Je ne m'étonnai plus que mademoiselle de Villenoix crût Louis parfaitement sain d'entendement. Peut-être la vie de l'âme avait-elle anéanti la vie du corps, et peut-être Pauline avait-elle, comme je l'eus alors, de vagues intuitions de cette nature mélodieuse et fleurie que nous nommons, dans sa plus large expression : LE CIEL !...

Mademoiselle de Villenoix restait toujours là, assise devant un métier à tapisserie, et chaque fois qu'elle tirait l'aiguille, elle regardait Lambert en exprimant un sentiment triste et doux

Hors d'état de supporter cet affreux spectacle, dont je ne savais pas, comme Pauline, deviner tous les secrets, je sortis, et nous allâmes nous promener ensemble pendant quelques momens pour parler d'elle et de Lambert.

— Sans doute, me dit-elle, Louis

doit paraître fou; mais il ne l'est pas, si le nom de fou doit appartenir seulement à ceux dont, par des causes inconnues, le cerveau se vicie, et qui n'offrent aucune raison de leurs actes. Tout est parfaitement coordonné chez votre ami. S'il ne vous a pas reconnu physiquement, ne croyez pas qu'il ne vous ait point vu. Il a réussi à se dégager de son corps, et nous aperçoit sous une autre forme, je ne sais laquelle. Quand il parle, il exprime des choses merveilleuses. Seulement, assez souvent, il achève par la parole une idée commencée dans son esprit, ou commence une proposition qu'il achève mentalement. Aux autres hommes, il paraîtrait aliéné; mais, pour moi, qui vis dans sa pensée, toutes ses idées sont lucides. Je parcours le chemin fait par son esprit, et, quoique je n'en connaisse pas tous les détours, je sais me trouver néanmoins au but avec lui. A qui n'est-il pas, maintes fois, arrivé de penser à une chose futile et d'être entraîné vers une pensée grave par des idées ou par des souvenirs qui s'enroulent. Souvent après avoir parlé d'un objet frivole, innocent point de départ de quelque rapide méditation, un penseur oublie ou tait les liaisons abstraites qui l'ont conduit à sa conclusion, et reprend la parole, en ne montrant que le dernier anneau de cette chaîne de réflexions. Alors, les gens posés auxquels cette vélocité de vision mentale est inconnue, ignorant le travail intérieur de l'âme, se mettent à rire du rêveur, et le traitent de fou s'il est coutumier de ces sortes d'oublis. Louis est toujours ainsi. Sans cesse, il voltige dans les espaces de la pensée, et s'y promène avec une alacrité d'hirondelle, dont je sais suivre les détours. Voilà l'histoire de sa folie. Peut-être un jour reviendra-t-il à cette vie dans laquelle nous végétons; mais s'il respire l'air des cieux avant le temps où il nous sera permis d'y exister, pourquoi souhaiterions-nous de le revoir parmi nous? Contente d'entendre battre son cœur, tout mon bonheur est d'être auprès de lui. N'est-il pas tout à moi? Depuis deux ans, je l'ai possédé pendant quelques heures; et j'ai été si heureuse alors, que je puis bien vivre avec mes souvenirs.

— Mais, lui dis-je, écrivez-vous les paroles qui lui échappent?

— Pourquoi?... me répondit-elle.

Je gardai le silence. Les sciences humaines étaient bien petites devant cette admirable créature.

— Je me souviens de quelques mots qu'il a dits récemment, reprit-elle.

Je les lui demandai par un regard qu'elle comprit, et voici tout ce que je recueillis, en aidant toutefois sa mémoire ; car elle ne prêtait aux paroles de Louis que l'attention de la femme aimante, et n'en soupçonnait ni le sens ni la portée :

La colère est un courant électrique. Sa commotion, quand il se dégage, agit sur les personnes présentes, quoiqu'il ne les concerne pas.

Le fanatisme et tous les sentimens collectifs sont des fleuves de volonté qui renversent tout.

Il se rencontre des hommes qui

cohobent les sentimens des masses par une décharge de leur volition.

Les faits ne sont rien, ils n'existent pas, il n'y a que des idées.

De ton lit aux frontières du monde, il n'y a que deux pas: LA VOLONTÉ — LA FOI!...

L'abstraction est le plus beau produit de la pensée. Elle est plus que la graine qui contient les fleurs, les odeurs, le feuillage et le système d'une plante; elle peut enfermer toute une nature en germe. L'abstraction est la reine de l'âme.

Presque tout est un phénomène de la substance éthérée, base de l'électricité. C'est le grand principe des transformations d'une même matière.....

L'intuition est une des facultés de l'être intérieur. Elle réagit par une imperceptible sensation ignorée de celui qui lui obéit : Napoléon s'en allant instinctivement de sa place avant qu'un boulet n'y arrive.

Oui, l'espace existe, mais certaines facultés donnent le pouvoir de le franchir avec une telle vitesse que leurs effets équivalent à son abolition.

Après avoir été revoir encore une fois Lambert, je quittai sa noble épouse, et revins en proie à des idées si bizarres, si extravagantes que je renonçai, malgré ma promesse, à retourner à Villenoix.

La vue de Louis avait exercé sur moi je ne sais quelle influence sinistre. Je redoutai de me retrouver dans cette atmosphère enivrante où l'extase était contagieuse. Je n'ose dire qu'on y avait envie de se précipiter dans l'infini, de même que les soldats se tuaient tous dans la guérite où s'était suicidé l'un d'eux au camp de Boulogne. On sait que l'empereur fut obligé de faire brûler ce bois, dépositaire d'idées arrivées à l'état de miasmes mortels. Peut-être en était-il de la chambre de Louis comme de cette guérite? Ces deux faits seraient des preuves de plus en faveur de son système sur la transmission de la Volonté. J'y éprouvai certes des troubles extraordinaires dans la pensée, et qui surpassèrent les effets les plus fantastiques causés par le thé, le café, le spleen, l'opium, le sommeil et la fièvre, agens mystérieux dont nos têtes subissent souvent les terribles actions.

Peut-être aurais-je pu transformer en un livre complet tous ces débris de pensée, exorbitans seulement pour certains esprits habitués à se pencher sur le bord des abîmes, dans l'espérance d'en apercevoir le fond. La vie de cet immense cerveau qui, sans doute, a craqué de toutes parts comme un empire trop vaste, y eût été développée dans le récit des visions de cet être incomplet par trop de force ou par trop de faiblesse; mais j'ai mieux aimé rendre compte de mes impressions que de faire une œuvre plus ou moins logique.

Lambert mourut à l'âge de vingt-huit ans, le 25 septembre 1824, entre les bras de son amie, qui le fit ensevelir dans une des îles du parc de Villenoix.

Son tombeau consiste en une simple croix de pierre, sans nom, sans date.

Fleur née sur le bord d'un gouffre, elle devait y tomber inconnue avec ses couleurs et ses parfums inconnus. Comme beaucoup de gens incompris, n'avait-il pas souvent voulu se plonger avec orgueil dans le néant en y perdant les secrets de sa vie!...

Cependant Pauline aurait bien eu le droit d'inscrire sur cette croix, les noms de Lambert, en y indiquant la place des siens. Depuis la perte de son ami, cette nouvelle union n'est-elle pas son espérance de toutes les heures? Mais les vanités de la douleur et du style lapidaire sont étrangères aux âmes fidèles.

Villenoix tombe en ruines. L'épouse de Lambert ne l'habite plus, sans doute pour mieux s'y voir comme elle y fut jadis. Ne lui a-t-on pas entendu dire naguère :

— J'ai son cœur; et, Dieu, son génie!

Au château de Saché, juin-juillet 1832.

FIN.

OUVRAGES DE M. DE BALZAC,
publiés à la Librairie de Charles Gosselin.

Les cent Contes drolatiques.

PREMIER DIXAIN. *Un volume in-8.*
2e ÉDITION, *contenant :*

La Belle Impéria. — Le Péché vesniel. — La Mie du Roi. — L'Héritier du Dyable. — Les Joyeulsetez du roy Loys le unziesme. — La Connestable. — La Pucelle de Tilhouze. — Le Frère d'armes. — Le Curé d'Azay. — L'Apostrophe.

DEUXIÈME DIXAIN. *Un volume in-8.*
contenant :

Les Trois Clercs de sainct Nicholas. — Le Jeusne de François Ier. — Les bons Propos des religieuses de Poissy. — Comment fust basti le château d'Azay. — La Faulse Courtisane. — Le Dangier d'estre trop coquebin. — La Chière Nuictée d'amour. — Le Prosne du ioyeux curé de Meudon. — Le Succube. — Dezesperance d'amour.

Le Troisième Dixain est sous presse.

23

Romans et Contes philosophiques.

Troisième édition, 5 volumes in-8.

CONTENANT :

La Peau de Chagrin. — Sarrazine. — La Comédie du Diable. — El Verdugo. — L'Enfant maudit. — L'Elixir de longue vie.. — Les Proscrits. — Le Chef-d'œuvre inconnu. — Le Réquisitionnaire. — Étude de femme. — Les deux Rêves. — Jésus-Christ en Flandre. — L'Église. — Maître Cornélius. Madame Firmiani. — L'Auberge rouge. — Notice biographique sur Louis Lambert.

Un nouveau volume, entièrement inédit, sera prochainement publié.

HISTOIRE DE LA SUCCESSION DU MARQUIS DE CARABAS DANS LE FIEF DE COQUATRIX, 2 volumes in-8.

La publication de cet ouvrage est remise au commencement de l'année 1834.

OUVRAGES DE M. DE BALZAC,

publiés à la Librairie de Mame-Delaunay,
rue Guénégaud, n. 25.

Études de Mœurs au 19e siècle.

10 volumes in-8, divisés en trois séries.

PREMIÈRE SÉRIE.

SCÈNES DE LA VIE PRIVÉE, *troisième édition (sous presse), 4 volumes in-8, contenant :*

La Vendetta. — Les Dangers de l'inconduite. — Le Bal de Sceaux. — Gloire et Malheur. — La Femme vertueuse. — La Paix du ménage. — Une Vie de jeune fille. — La Bourse. — Les Célibataires. — Le Rendez-vous. — La Femme de trente ans. — Le Doigt de Dieu. — Les deux Rencontres. — L'Expiation.

DEUXIÈME SÉRIE.

SCÈNES DE LA VIE DU MONDE, *4 volumes in-8.*

(Sous presse pour paraître au 1er juin.)

ÉTUDES DE FEMME, 3 *volumes in-8. contenant :*

Distraction. — Une Fille d'Ève. — La Femme abandonnée. — La Grenadière. — Le Message. — La Transaction. — Les Marana. — Les Amours d'une Laide. — Onda-Mulier. — La Grande Bretèche, etc.

CONVERSATIONS DE PARIS ENTRE ONZE HEURES ET MINUIT, 1 volume in-8.

TROISIÈME SÉRIE.

SCÈNES DE VILLAGE, 2 *volumes in-8. qui seront publiés dans le courant de l'année* 1833.

Le Médecin de campagne a été extrait de cette dernière série, et a déjà paru, 1 volume in-8.

Romans historiques.

SOUS PRESSE.

Chez Charles Gosselin, libraire.

LE PRIVILÉGE, Tableau de Paris au commencement du quinzième siècle (1409), 2 volumes in-8.

Chez Mame-Delaunay, libraire,
rue Guénégaud, n. 25.

LES CHOUANS, *deuxième édition*, 2 volumes in-8 (1799).

LES TROIS CARDINAUX, Histoire du temps de Louis XIII (1639), 2 volumes in-8.

SOUS PRESSE.

A la Librairie centrale,
cour des Fontaines.

LA BATAILLE, Vue de l'Empire (1809), 2 vol. in-8.

www.ingramcontent.com/pod-product-compliance
Ingram Content Group UK Ltd.
Pitfield, Milton Keynes, MK11 3LW, UK
UKHW020556230726
13926UKWH00005B/2049